Schweizer Stoffpuppen
Herstellung, Bemalung, Schnittmuster

Rita Kahl

Schweizer Stoffpuppen

Herstellung · Bemalung · Schnittmuster

CIP-Titelaufnahme der Deutschen Bibliothek

Kahl, Rita:
Schweizer Stoffpuppen – Herstellung, Bemalung, Schnittmuster/Rita Kahl.–
Wiesbaden: Englisch, 1991

ISBN 3-8241-0423-7

Die Ratschläge in diesem Buch sind von Autorin und Verlag sorgfältig
erwogen und geprüft, dennoch kann eine Garantie nicht übernommen
werden. Eine Haftung der Autorin bzw. des Verlages und seiner Beauftragten
für Personen-, Sach- und Vermögensschäden ist ausgeschlossen.

Inhaltsverzeichnis

Die Ratgeber.

Hobby · Freizeit · Wissen · Weiterbildung

ENGLISCH VERLAG

Inhaltsangabe

Stand Mai 1991, Preisänderungen vorbehalten.

Roswitha Derenbach
Porzellanmalerei

GERLINDE HOFMANN

Florale Objekte
PHANTASIEVOLLE WANDDEKORATIONEN

Derenbach, Roswita
Porzellanmalerei
64 Seiten, 21 x 28 cm, Hardcover, 50 Farbfotos
ISBN 3-8241-0353-2, DM 19,80

Hetzel-Kiefner, Gudrun
Experimentelles Drucken
64 Seiten, 21 x 28 cm, Hardcover, durchgehend vierfarbig
ISBN 3-8241-0369-9, DM 19,80

Hetzel-Kiefner, Gudrun
Moderne Hinterglasmalerei – Techniken und Motive
64 Seiten, 21 x 28 cm, Hardcover, durchgehend vierfarbig
ISBN 3-8241-0385-0, DM 19,80

Hofmann, Gerlinde
Florale Collagen – Wege zu phantasievollen Naturbildern
64 Seiten, durchgehend vierfarbig, 21 x 28 cm, Hardcover
ISBN 3-8241-0438-5, DM 19,80

Hofmann, Gerlinde
Florale Objekte – Phantasievolle Wanddekorationen
64 Seiten, durchgehend vierfarbig, 21 x 28 cm, Hardcover
ISBN 3-8241-0455-5, DM 19,80

Hülsmann, Alf
Radierungen – Grundlegende Techniken
64 Seiten, durchgehend vierfarbig, 21 x 28 cm, Hardcover
ISBN 3-8241-0437-7, DM 24,80

Linz, Bernhard
Kalligraphie – Techniken, Vorlagen, Übungen
72 Seiten, zahlreiche Farb- und Schwarzweißabbildungen, 21 x 28 cm
ISBN 3-8241-0450-4, DM 24,80

Sanladerer/Weidinger
Eier kunstvoll verzieren
64 Seiten, 21 x 28 cm, Hardcover, 55 Farbfotos, zahlreiche Zeichnungen
ISBN 3-8241-0358-3, DM 19,80

Sanladerer, Christian / Weidinger, Beate
Masken entwerfen und gestalten
64 Seiten, durchgehend vierfarbig, zahlreiche Zeichnungen, 21 x 28 cm, Hardcover
ISBN 3-8241-0408-3, DM 19,80

Waldschmidt, Brigitte
Aquarellmalerei
64 Seiten, 21 x 28 cm, Hardcover, 57 Farbfotos
ISBN 3-8241-0356-7, DM 19,80

Waldschmidt, Brigitte
Collagen – Kreatives Gestalten mit Farben und Materialien
64 Seiten, 21 x 28 cm, Hardcover, durchgehend vierfarbig
ISBN 3-8241-0389-3, DM 19,80

Hosëus, Helga
Marmorieren auf edlen Stoffen
64 Seiten, 21 x 28 cm, Hardcover, durchgehend vierfarbig, zahlreiche Zeichnungen
ISBN 3-8241-0386-9, DM 19,80

Hosëus, Helga
**Schablonieren – Techniken und
Motive für textile Objekte**
64 Seiten, durchgehend vierfarbig,
21 x 28 cm, Hardcover
ISBN 3-8241-0407-5, DM 19,80

Hosëus, Helga
Wachsbatik – Wege zu textiler Kunst
64 Seiten, durchgehend vierfarbig,
21 x 28 cm, Hardcover
ISBN 3-8241-0421-0, DM 19,80

Kohlhaußen, Friederike
Handbuch Patchwork
ca. 144 Seiten, durchgehend vierfarbig, zahlreiche
Zeichnungen und Vorlagen, 19 x 26 cm, Hardcover
ISBN 3-8241-0459-8, DM 48,00

Latta, Angela
Seidenmalerei – Abstrakte Motive
64 Seiten, durchgehend vierfarbig,
21 x 28 cm, Hardcover
ISBN 3-8241-0447-4, DM 24,80

Lemke, Ursel
Handbuch Seidenmalerei
ca. 144 Seiten, durchgehend vierfarbig, zahlreiche
Skizzen und Zeichnungen, Vorlagen und Tabellen,
19 x 26 cm, Hardcover
ISBN 3-8241-0458-X, DM 48,00

Peya, Christel
**Phantasievolle Seidenapplikationen
– Techniken, Motive, Vorlagen**
64 Seiten, durchgehend vierfarbig,
21 x 28 cm, Hardcover
ISBN 3-8241-0453-9, DM 24,80

Staub-Wachsmuth, Brigitte
Patchwork – Wege zu textiler Kunst
64 Seiten, 21 x 28 cm, Hardcover, durchgehend vierfarbig, zahlreiche Illustrationen
ISBN 3-8241-0390-7, DM 19,80

Brigitte Waldschmidt
Lampenschirme
individuell und kunstvoll gestalten

ENGLISCH
VERLAG

Waldschmidt, Brigitte
**Lampenschirme individuell und kunst-
voll gestalten**
64 Seiten, durchgehend vierfarbig, 21 x 28 cm,
Hardcover
ISBN 3-8241-0419-2, DM 19,80

Waldschmidt, Brigitte
Malen auf Seide
64 Seiten, 21 x 28 cm, Hardcover, 48 Farbfotos
ISBN 3-8241-0342-7, DM 19,80

Waldschmidt, Brigitte
Seidenmalerei
64 Seiten, 16 x 23 cm, Broschur, 52 Farbfotos
ISBN 3-88140-264-0, DM 16,80

Waldschmidt, Brigitte
**Seidenmalerei – modische Accessoires
und dekorative Objekte**
64 Seiten, durchgehend vierfarbig, 21 x 28 cm,
Hardcover
ISBN 3-8241-0409-1, DM 19,80

Zurbrüggen, Ilonka
**Seidenmalerei – Faszinierende Land-
schaften**
64 Seiten, durchgehend vierfarbig, 21 x 28 cm,
Hardcover
ISBN 3-8241-0436-9, DM 24,80

Vorwort

Liebe Puppenfreunde,
eine selbstgemachte Puppe ist eine kleine Kostbarkeit. Nicht nur, weil es sie nicht noch einmal gibt, sondern vor allem, weil Sie selbst bestimmen, wie die Puppe aussieht – durch das Bemalen des Gesichts, durch die Kleidung und die Frisur.

Ich habe mich bemüht, Puppen zum Liebhaben herzustellen. Diese anschmiegsamen Schweizer Stoffpuppen sind deshalb nicht nur für die Dekoration geeignet, man kann sie auch anpacken. Ich habe mich schon dabei ertappt, daß ich mit den Puppen sprach, während ich sie ankleidete. Während der Arbeit werden Sie feststellen, daß eine Beziehung zwischen der Puppe und Ihnen entsteht. Bei mir beginnt diese Beziehung, während ich den Kopf an den Körper nähe. Mit jedem weiteren Schritt der Herstellung wird dieses Gefühl der Freude stärker. Und dann ergibt es sich wie von selbst, wie die Puppe am Ende aussieht und welche Persönlichkeit sie hat.

Ich wünsche Ihnen viel Spaß mit Ihrer Schweizer Stoffpuppe und bin sicher, daß weitere hinzukommen werden, wenn Sie feststellen, daß es gar nicht so schwer ist, diese liebenswerten Geschöpfe herzustellen.

Rita Kahl

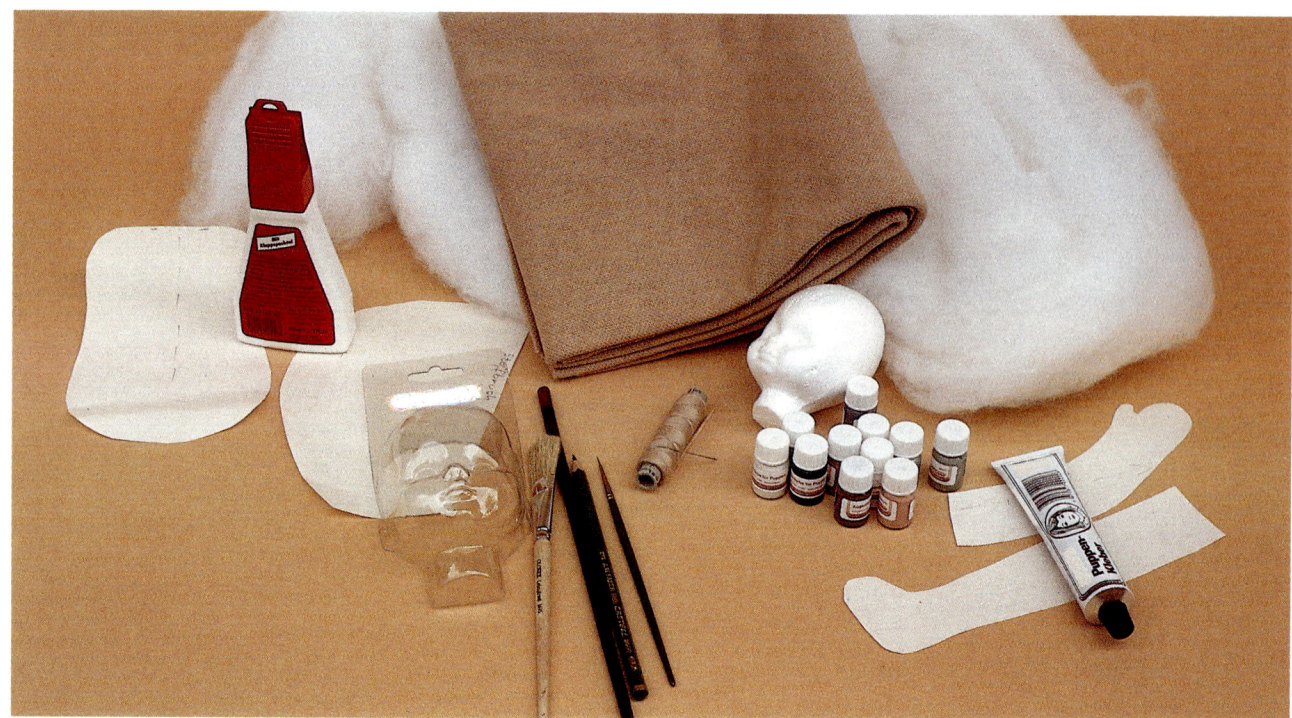

Material

Zur Herstellung unserer Stoffpuppen benötigen Sie folgende Materialien:

- 1 Gesichtsmaske
- 1 Schnittmuster für den Kopf
- 1 Schnittmuster für den Körper
- Trikotstoff für Puppen
- Maschinengarn (Farbe passend zum Trikot)
- Knopflochseide (Farbe passend zum Trikot)
- Puppenkleber
- 1 feiner Pinsel oder Zahnstocher
- 1 Nähnadel, Stecknadeln
- 1 weicher Bleistift oder Kreide
- 1 Rötelstift oder Rouge
- Puppenmalfarben (Schwarz, Weiß, Hellbraun, gewünschte Augenfarbe hell und dunkel, Lippenrot)
- Füllwatte
- evt. Körper-, Hand- und Beineinsätze
- Rundholzstäbchen oder Kochlöffel
- Schere
- Haare, Perücken, Fell
- Stoffe, Borten, Spitzen
- Schuhe, Strümpfe
- Brille oder anderes Zubehör.

Mit den hier gezeigten Utensilien können Sie Ihre Wunschpuppe anfertigen. Der Fachhandel bietet eine große Auswahl an, mehrere Masken und zahlreiche Stoffe in verschiedenen Farben. Wenn Sie mal wieder dabei sind, in Ihrem Kleiderschrank Platz zu schaffen, finden Sie sicher einige Dinge, welche für die Puppen geeignet sind – unifarbene Stoffe oder Stoffe mit kleinen Mustern. Ein altes Bettlaken reicht schon für Unterröcke und Mieder mit Spitze. Werfen Sie daher keine Spitzeneinsätze oder Borten weg, alles ist zu gebrauchen!

Der Puppenkörper

Das Zuschneiden

Beginnen Sie mit dem Zuschneiden aller Puppenkörperteile. Zunächst benötigen Sie hierfür die Schnittmuster, ein Stück Pappe, das aber nicht zu dick sein sollte, und den Trikotstoff.

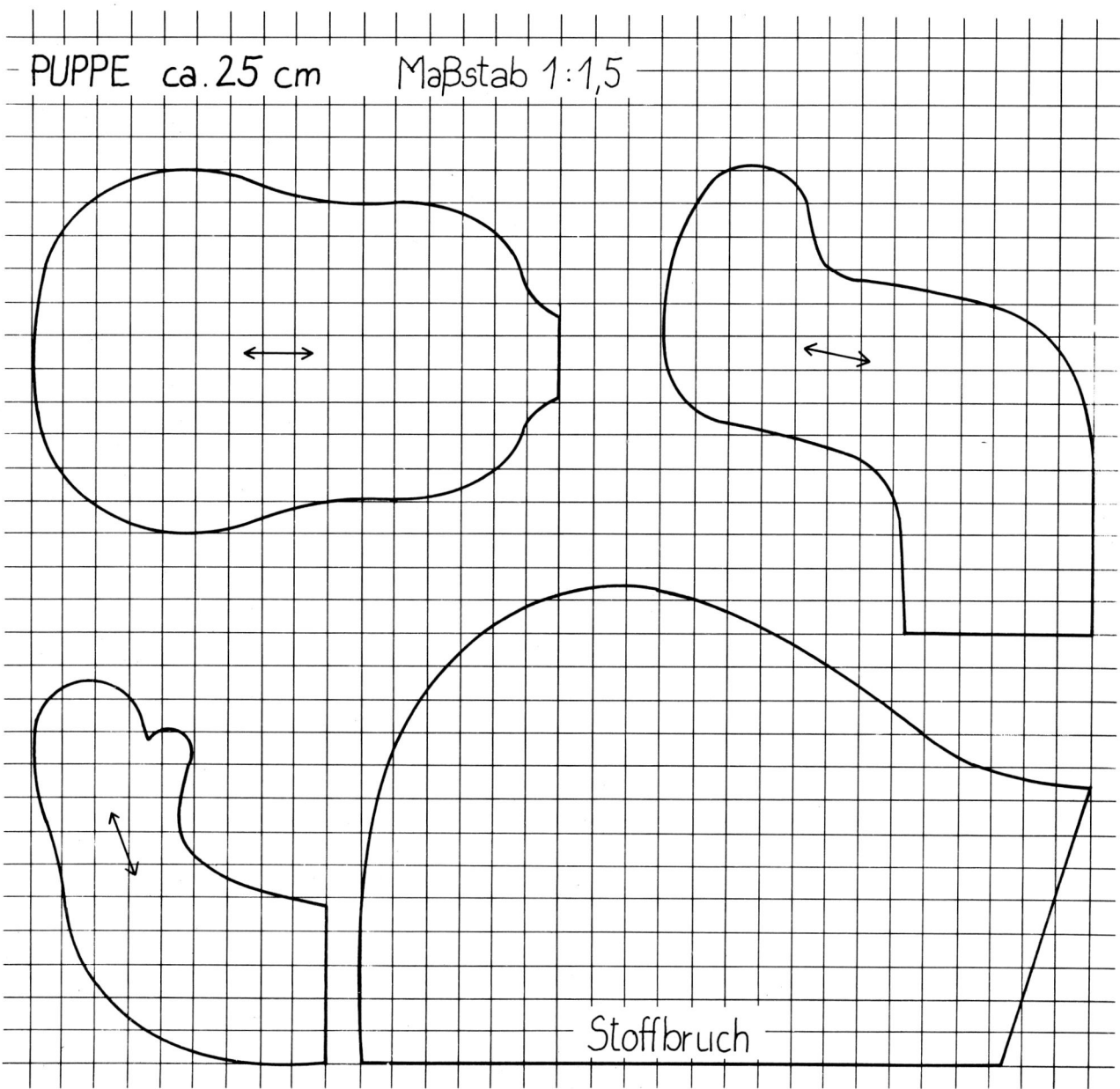

PUPPE ca. 25 cm   Maßstab 1:1,5

Stoffbruch

Ich habe meine Schnittmuster auf Pappe übertragen, das ist beim Auflegen auf den Stoff
wesentlich einfacher. Wenn Sie dem Beispiel
folgen wollen, vergessen Sie bitte nicht, die
Pfeile für den Fadenlauf auf der Pappe einzu-
zeichnen. Drehen Sie nun den Trikotstoff auf die
linke Seite der doppelten Stofflage und legen Sie
ihn so vor sich hin, daß der scharfe Faltenknick
nicht in der Mitte liegt. Legen Sie Kopf und
Rumpf einmal, Arm und Bein je zweimal auf
den Stoff. Die Pfeile für den Fadenlauf müssen
in die gleiche Richtung zeigen wie die Rippen
des Trikotstoffes. Nun umranden Sie die
Schablone mit einem weichen Bleistift oder mit

Kreide. Schneiden Sie den Kopf aus und legen
Sie ihn beiseite.
Stellen Sie Ihre Nähmaschine auf 1 und Zick-
Zack ein. Es ist einfacher und sparsamer, wenn
Sie alle Puppenkörperteile erst zusammen-
steppen und nachher ausschneiden. Nähen Sie
also an der aufgezeichneten Linie der Körperteile
Rumpf, Arme und Beine sauber entlang, danach
schneiden Sie aus. Rumpf, Arme und Beine
bleiben oben zum Ausstopfen offen. Wenden Sie
anschließend alle Teile auf rechts.

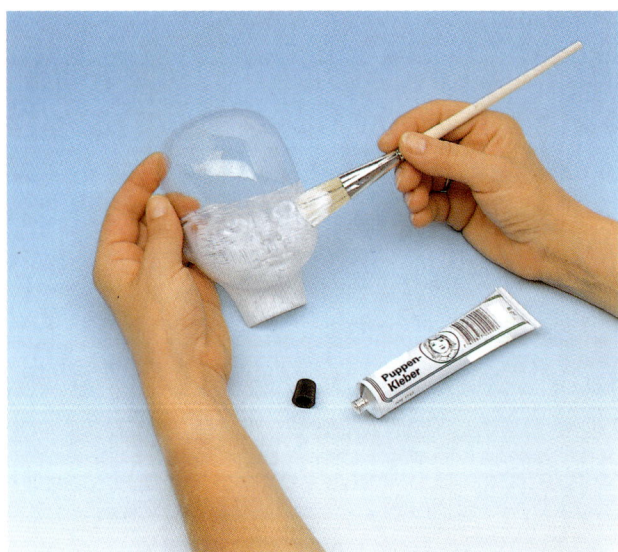

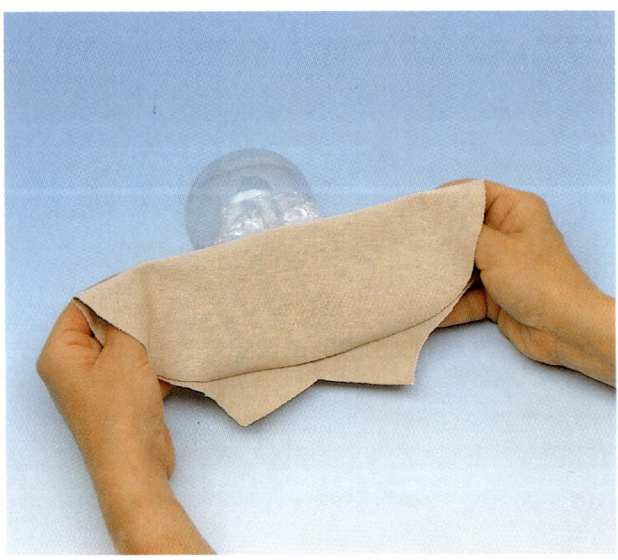

Der Kopf

Der Kopf kann genäht oder geklebt werden. Sie nehmen sich aber als nächstes das Gesicht der Puppe vor; dieses wird auf jeden Fall geklebt.

Maske kleben

Um den Rand der Maske abzuschneiden, eignet sich am besten eine kleine Schere mit gebogenen Schenkeln. Lassen Sie die halbrunde Fläche unten am Hals aber stehen.

Schneiden Sie rundum alles glatt. Wenn Sie mit der Hand vom Gesicht nach außen streichen, spüren Sie eventuell noch Unebenheiten, welche Sie nachbessern können.

Nehmen Sie die Maske und legen Sie den Stoff der Kopfform im Bruch gefaltet auf die Mitte der Nase. Die Stellen kennzeichnen Sie mit Hilfe einer Stecknadel. Nun bestreichen Sie die Maske mit einem breiten Pinsel oder mit den Fingern vom Halsboden bis zur Stirn mit Klebstoff (achten Sie darauf, daß in Augen und Mundwinkeln nicht zuviel Klebstoff ist, er hinterläßt vielleicht Flecken) und ziehen den Trikot darüber; die Stecknadel zeigt die Mitte der Nase an. Den Stoff ein wenig spannen, damit keine Fältchen entstehen. Nun pressen Sie mit Stoff (Abfall vom Zuschneiden) fest auf die Vertiefung der Augenhöhlen, Nasenwurzel, Mund und Kinn. Sie können auch nur mit den Fingerkuppen drücken. Ich nehme immer Stoff zur Hilfe, damit das Gesicht schön sauber bleibt. Hals und Kinnpartie fest drücken und während des ganzen Vorganges darauf achten, daß der Verlauf der Maschenrippen nicht verzerrt wird.

Nun bestreichen Sie die Stirn mit Kleber und ziehen den Trikot zuerst in der Mitte der Stirn nach hinten und schlagen die Ränder um die Maskenkante nach innen, so daß alles schön glatt ist. Falls sich Fältchen gebildet haben, heben Sie den Stoff noch einmal hoch und straffen ihn erneut.

Wenn Sie einen Pinsel für den Kleber benutzt haben, waschen Sie ihn bitte gleich mit Wasser und Seife aus.

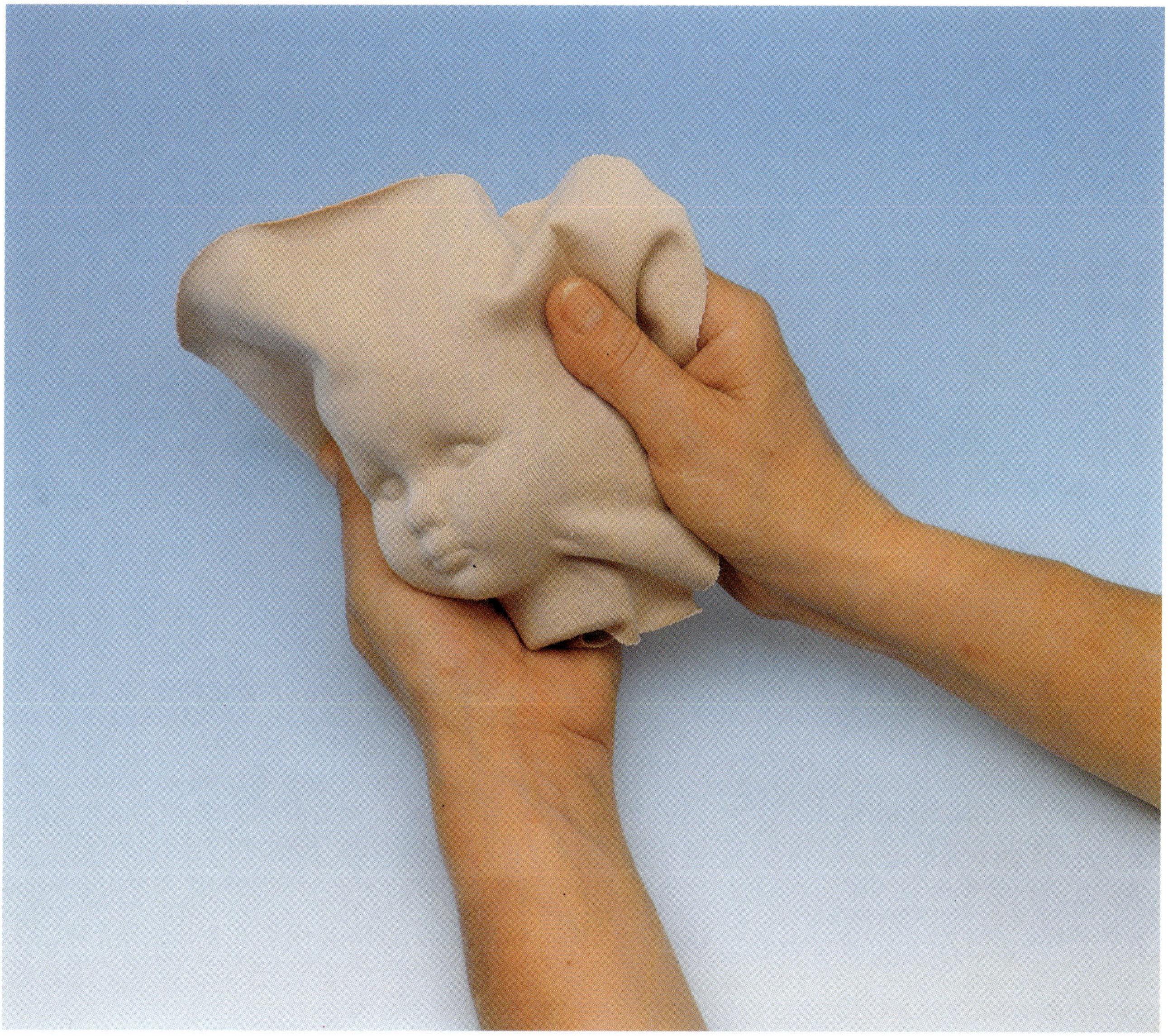

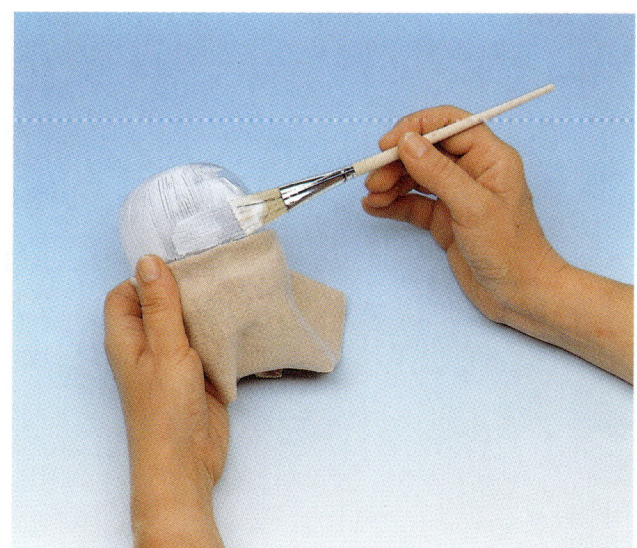

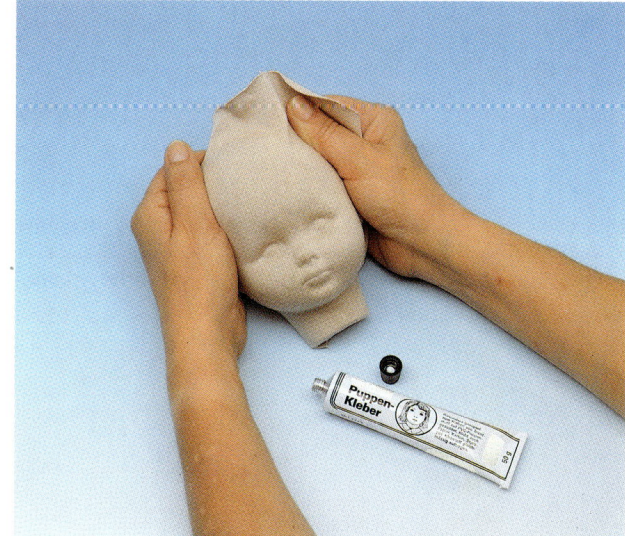

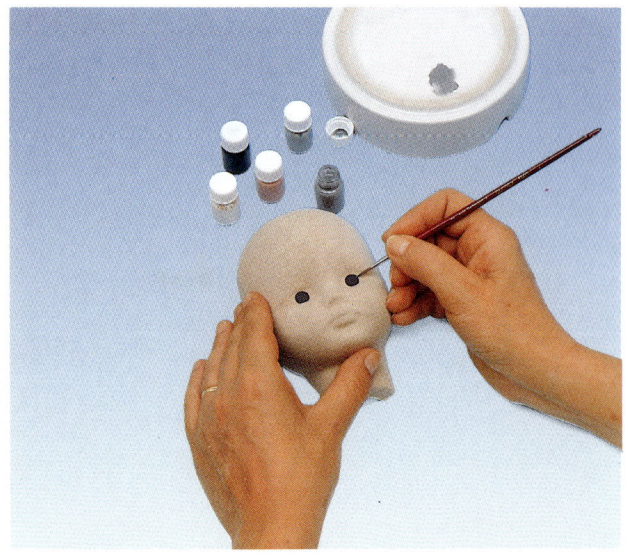

Das Bemalen des Gesichts

Haben Sie einen hellen Arbeitsplatz? Ruhe? Dann kann es losgehen!

Den Arm, mit welchem Sie malen, am besten aufstützen, damit Ihre Hand schön ruhig bleibt. Wenn Sie mit dem Pinsel unsicher sind, nehmen Sie einen Zahnstocher. Er liegt fest in der Hand. Schütteln Sie die Farbe kräftig durch. Wenn sie zu dick ist, können Sie sie mit ein wenig Wasser verdünnen.

Die Augen werden mit fünf Farben gemalt: Hell und Dunkel der gewünschten Augenfarbe, Hellbraun, Schwarz und Weiß.

In die Mitte der Augenhöhlen malen Sie zuerst mit der dunkleren der gewünschten Augenfarbe die Iris. Malen Sie eine Kreisfläche aus, tragen Sie die Farbe aber nicht zu dick auf.

Wenn die Farbe trocken ist, eine kleine Kreisfläche mit der hellen Augenfarbe in die Mitte der Iris setzen, dann mit Schwarz eine noch kleinere Fläche malen. Das ist die Pupille.

Den Lidstrich setzen Sie mit einem Bogen (in Dunkelbraun oder Schwarz) direkt in die Iris und die Lidfalte parallel zum Lidstrich etwa 1 mm darüber. Ich nehme hierzu eine Stecknadel, so wird der Strich schön fein. Den Lidstrich zur Mitte hin etwas dicker malen.

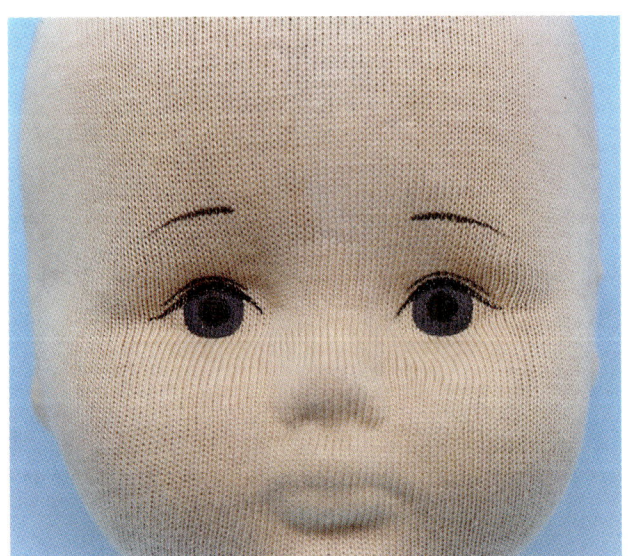

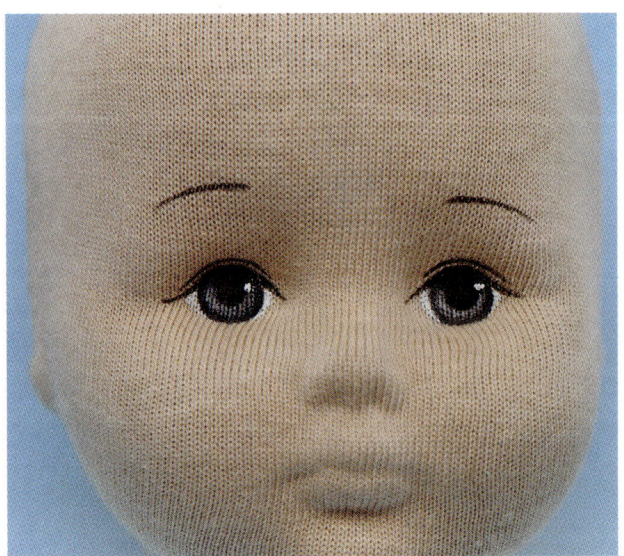

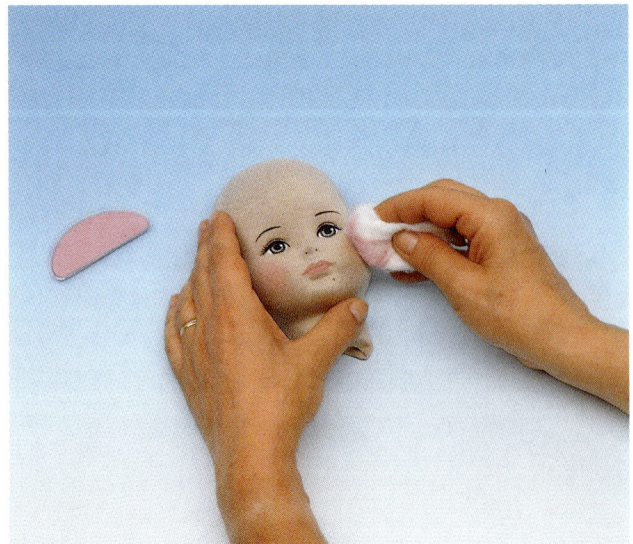

Wenn soweit alles trocken ist, malen Sie mit Weiß den Augapfel, zu jeder Seite des Auges fast ein Dreieck, und dann in die schwarze Kreisfläche den Glanzpunkt. Es ist egal, wo Sie ihn hinsetzen, er muß nur in beiden Augen gleich sein. Wollen Sie dem Auge mehr Tiefe geben, hellen Sie die untere Hälfte der Iris ein wenig auf.

Die Augenbrauen malen Sie 5–7 mm über dem Lidstrich. Bei kleinen Puppenkindern male ich keine Augenbrauen, weil ich finde, daß es älter macht; aber wenn Sie sie mit einem hellen Braun nachzeichnen, sieht es gut aus.

Für die Nasenlöcher sind kleine Vertiefungen in der Maske vorgestanzt. Hier setzen Sie mit Hellbraun kleine Pünktchen ein.

Der Mund ist das Wichtigste, denn mit ihm bestimmen Sie Stimmung und Typ der Puppe. Er sieht schön weich aus, wenn man ihn nicht so „geschminkt" malt. Helle Farben, ein zartes Rosa oder ein Rot mit wenig Braun, mehr Weiß und wenig Wasser verdünnt empfehlen sich. Die Mittellinie der Lippen zeichnen Sie fein und etwas dunkler nach.

Sie können anhand der verschiedenen Puppengesichter nachvollziehen, wie sehr unterschiedliches Bemalen des Gesichtes die Persönlichkeit Ihrer Puppe bestimmt. Danach können Sie durch Frisur und Kleidung diesen Typus unterstreichen.

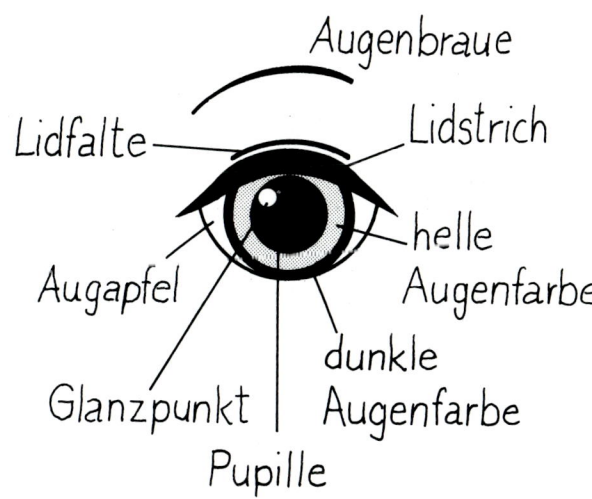

13

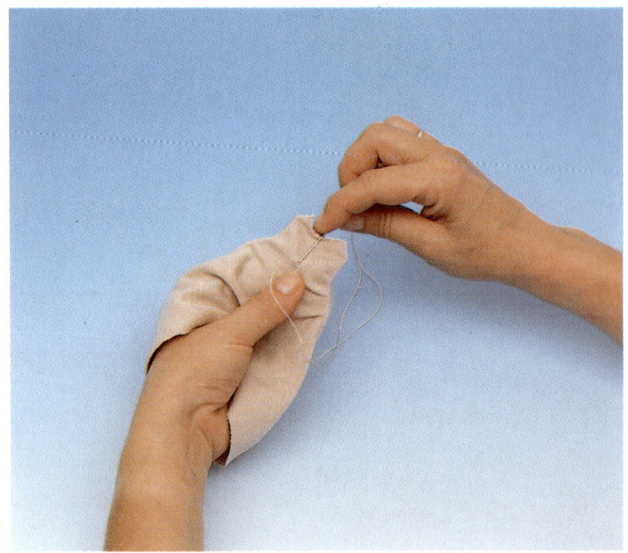

Kopf nähen

Ist das Gesicht getrocknet, wird der Hinterkopf genäht. Alle Nähte, die Sie bei der Herstellung von Puppen mit der Hand ausführen, werden mit dem Matratzenstich genäht. Verwenden Sie dafür Knopflochseide.

Der Matratzenstich verbindet zwei aneinanderliegende Stoffkanten.

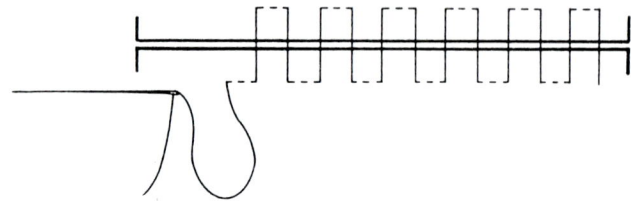

Im Wechsel einen Stich auf der einen Stoffbahn und den nächsten Stich auf der angrenzenden Stoffbahn nähen.

Nun nähen Sie von Hals bis Scheitelhöhe den Stoff mit Matratzenstich zusammen. Stecken Sie die beiden Stoffteile vom Hals bis zum Ohr mit Stecknadeln zusammen. Der Stoff muß locker gespannt über der Maskenschale liegen. Die obere Kopfnaht beginnt man an der linken Schläfe und näht sehr fest.

Während Sie nähen, liegen die Stoffränder offen über dem Zeigefinger. Sollte Ihnen eine Stelle zu dick erscheinen, können Sie diese später durch Abnäher korrigieren.

Stopfen

Nun wird der Kopf von oben her mit Watte ausgestopft, am besten verwenden Sie Acrylwatte, die Sie in laufendem Meter gekauft haben. Wenn die Kraft Ihrer Finger beim Stopfen nicht ausreicht, nehmen Sie einen Kochlöffel zu Hilfe.

Zuerst füllen Sie mit einem großen Wattebausch das Gesicht aus und stopfen dann von oben nach unten fest gegen Hals und Nacken. Stecken Sie den restlichen freiliegenden Stoff in die Maskenschale und schließen Sie dann die Naht.

Variation: Sie formen einen festen, handgroßen Ball und stopfen ihn in die Maske, anschließend spannen Sie den Trikot darüber. Stecken Sie dann erst die beiden Teile mit Stecknadeln zusammen und schließen Sie die Naht. Damit der Hals schön glatt wird, bringen Sie in Ohrnähe

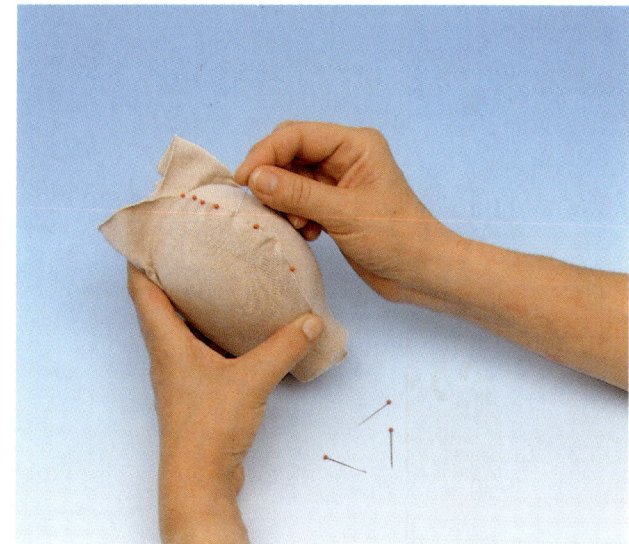

einen Abnäher an. Nun den Hals ganz fest
stopfen. Das ist wichtig, damit der Kopf später
nicht wackelt. Schließen Sie jetzt die Naht.

Kopf kleben

Eine einfache Art, den Hinterkopf an die Maske
anzuschließen, wenn Sie nicht nähen möchten,
ist das Kleben. Der Fachhandel bietet hierfür
ganze Styroporköpfe an.

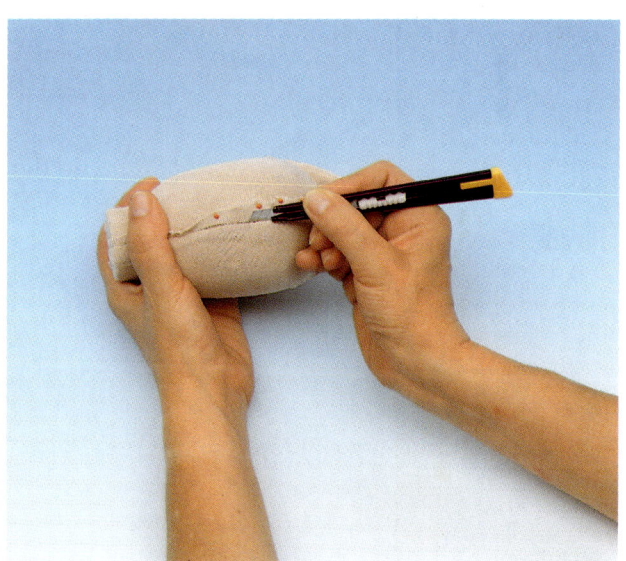

Drehen Sie die fertige Gesichtsmaske um und
geben Sie etwas Puppenkleber in die Mitte. Ver-
streichen Sie ihn gleichmäßig. Kleben Sie nun
den Styroporkopf in die Maske. Der Rest ist
ebenso einfach: Bestreichen Sie die Hälfte des
Hinterkopfes mit Kleber und ziehen Sie den Trikotstoff darüber. Es ist wichtig, daß der Stoff
glatt am Hinterkopf festklebt. Wenn Sie die eine
Hälfte bezogen haben, nehmen Sie sich die
andere vor. Danach befestigen Sie den Stoff in
der Mitte mit Stecknadeln und schneiden ihn
genau in der Mitte durch. Da die beiden Stoffteile übereinanderliegen, erhalten Sie so eine
saubere Kante. Wenn Sie die Stecknadeln gelöst
haben, kleben Sie die Kanten bündig anein-
ander.

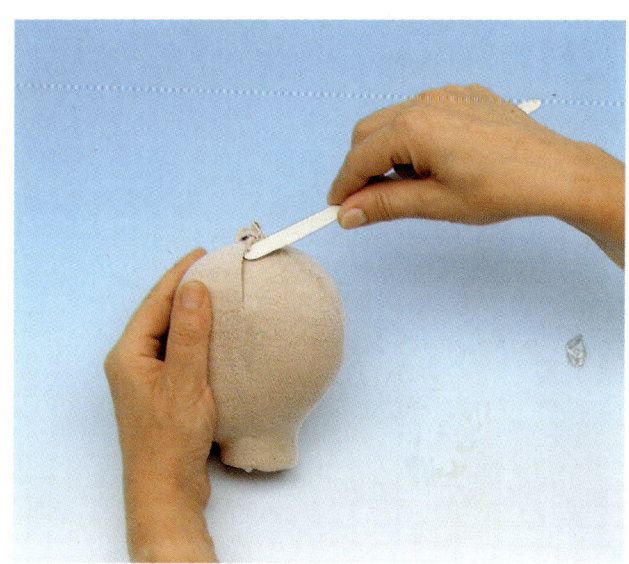

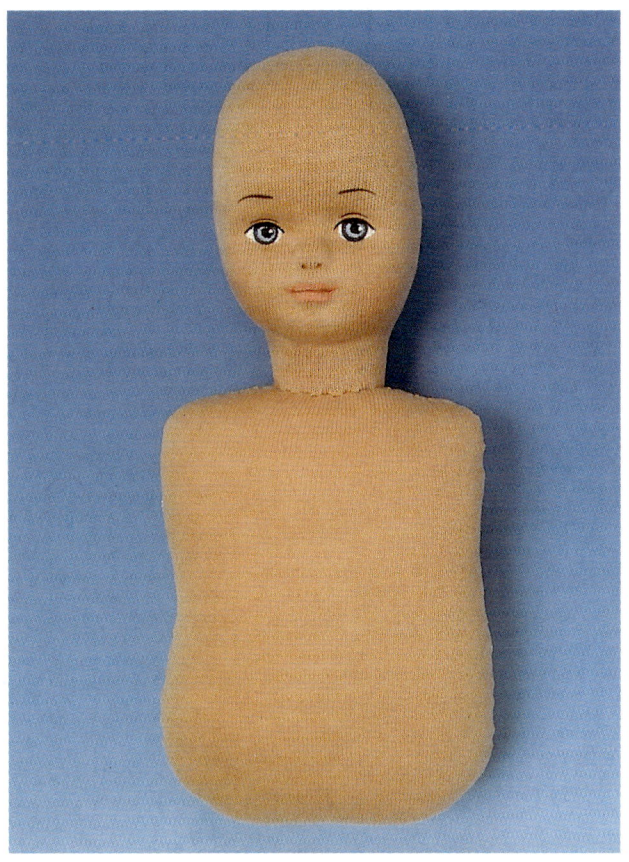

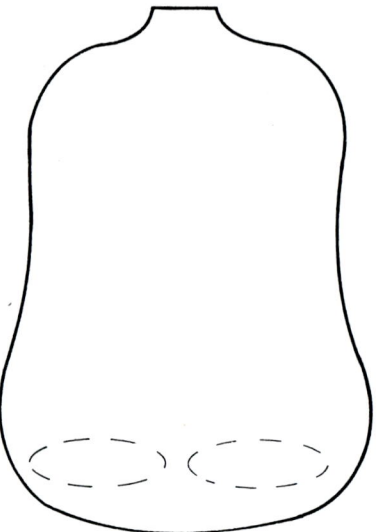

Beineinsatz für eine Babypuppe

Der Körper

Zu Anfang haben Sie Rumpf, Arme und Beine schon genäht, nehmen Sie nun den Rumpf zur Hand.

Der Rumpf

Um den Rumpf zu stopfen, brauchen Sie viel Watte. Nehmen Sie wieder den Kochlöffel zu Hilfe und stopfen Sie ganz fest. Der Rumpf muß sich fast hart anfühlen, dann ist es richtig. Gut ausgefüllte Hüften sind die Voraussetzung dafür, daß die Puppe später stehen kann. Nun nähen Sie den Kopf an die obere Naht.

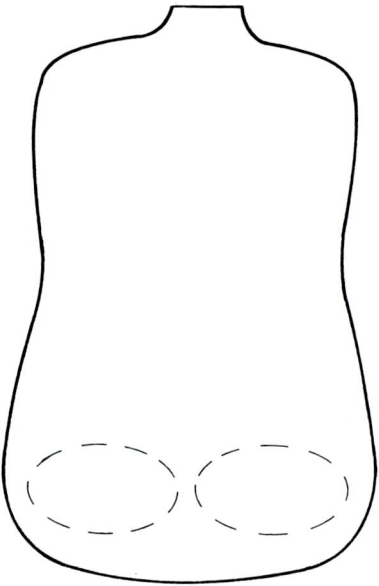

Beinansatz für eine Stehpuppe.
Beginnen Sie etwa 2 cm ab Mittelnaht mit dem Nähen.

Arme und Beine

Wenn Sie mit der rechten Hand stopfen, nehmen Sie für die Beine Ihre linke Hand zu Hilfe, um dem Bein eine schöne Form zu geben. Vielleicht soll die Puppe schmale Fesseln bekommen, oder Sie möchten ihr ein kompakteres Aussehen geben, indem Sie ihr dicke Beine stopfen.

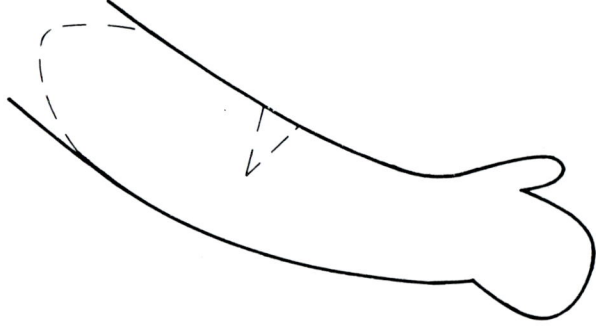

Die Öffnung in Form einer Armkugel mit Matratzenstich
zusammennähen.
Wenn die Puppe den Arm anwinkeln soll, nähen Sie nach dem
Stopfen einen Abnäher.

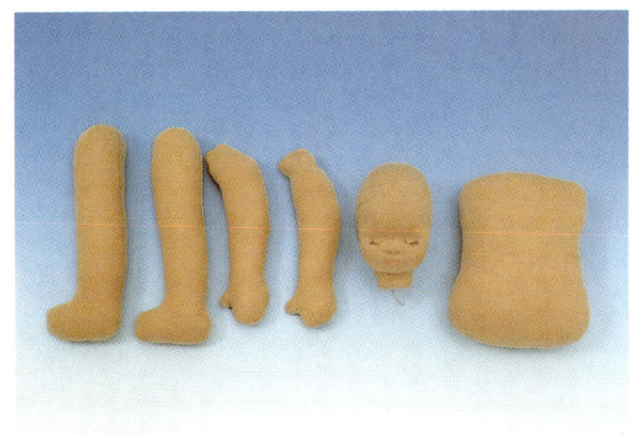

Soll die Puppe stehen können, stopfen Sie von der Fußspitze angefangen ganz fest; soll sie später nur sitzen, genügt es, weniger fest zu stopfen. Für die Stehpuppe nähen Sie den gestopften Beinschlauch mit zwei bis drei Stichen in der Mitte zusammen. Dann ziehen Sie die hintere Stofftüte nach vorn und schlagen die vordere Stofftüte ein. Ziehen Sie sie nach hinten und nähen Sie sie fest. Bevor Sie aber die Beine schließen, achten Sie bitte darauf, daß beide gleich lang sind. Auf der linken Abbildung können Sie sehen, wie Sie die Beine für eine stehende oder sitzende Puppe annähen.

Variation: Der Handel bietet auch biegsame Beineinsätze an. Wenn Sie den Fuß gestopft haben, können Sie den Beineinsatz einschieben und dann mit der Füllwatte fest stopfen. Damit wirkt Ihre Puppe noch lebendiger.
Die Arme werden von der Hand bis zum Ellenbogen fest gestopft, dann nehmen Sie nur noch wenig Watte, sonst stehen die Arme nach dem Annähen ab. Achten Sie darauf, daß die Arme so lang sind, daß sie den Oberschenkel erreichen. Nähen Sie sie so an, wie Sie es schon bei den Beinen getan haben.

Variation: Der Handel bietet Ihnen auch hier die Möglichkeit, Ihrer Puppe richtige Hände zu geben. Wenn Sie formbare Puppenhände einlegen, werden die Finger kaum gestopft. Mit einem Faden nähen Sie zwischen den Fingern ab. Sie können auch vor dem Wenden des Trikotstoffes auf die rechte Seite einzelne Finger abnähen und sie durch einen kleinen Einschnitt von den anderen trennen. Dann hat Ihre Puppe nach dem Einlegen des Handeinsatzes einzelne, bewegliche Finger.

Wenn die Puppe fertig ist, tönen Sie die Wangen noch ein wenig, entweder mit einem Rötelstift oder mit Rouge.

Beinverschluß für eine Stehpuppe

Der gestopfte Beinschlauch von oben

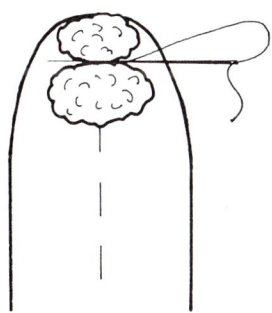

Mit 2 bis 3 Stichen in der Mitte zusammenziehen

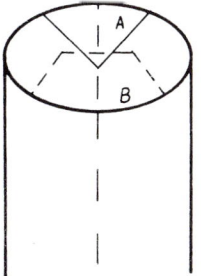

A Hintere Stofftüte nach vorn ziehen.

B Vordere Stofftüte einschlagen, nach hinten ziehen und festnähen.

17

Die Haare

Beim Kauf der Perücke ist es ratsam, die Puppe mitzunehmen. Haarfarbe und Frisur sind sehr wichtige Details, um Typ und Charakter der Puppe zu unterstreichen. Für Jungen eignen sich auch Fellreste sehr gut, denn die kurzen Haare wirken frech. Aber sehen Sie selbst: Der Handel bietet viele ganz unterschiedliche Frisuren an.

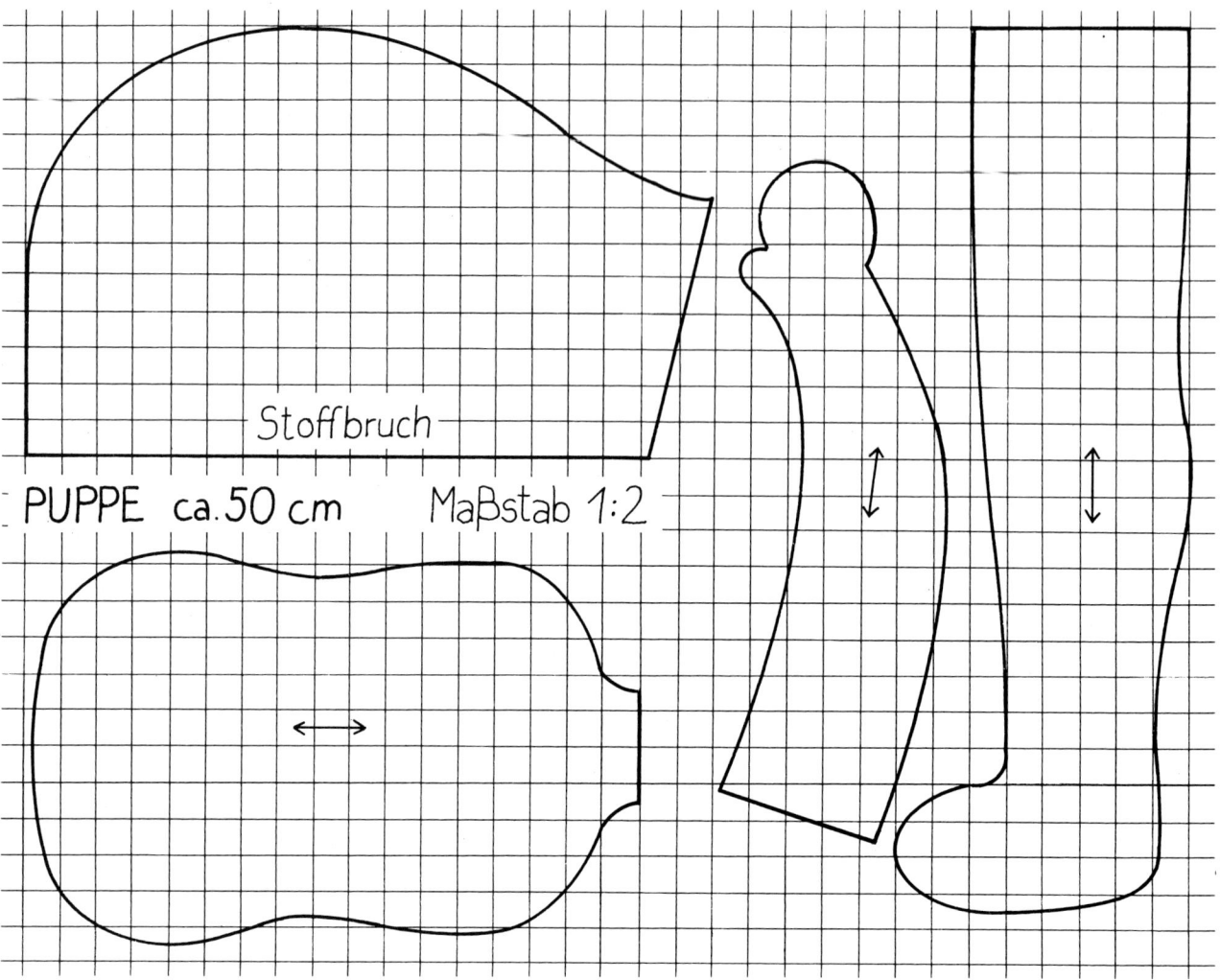

Stoffbruch

PUPPE ca. 50 cm   Maßstab 1:2

Arm und Bein einer Babypuppe

Die Babypuppe

Sicher macht es Ihnen Freude, auch mal eine Babypuppe herzustellen.
Es gibt spezielle Babygesichtsmasken, die Sie genau wie bei den anderen Puppen mit Trikot beziehen. Der Handel bietet hierfür rosa Trikot an.

Die Arme und Beine werden anders als bei den großen Puppen zugeschnitten. Sie sehen es auf dem Schnittmuster. Die Augen sind groß. Soll Ihr Baby schlafen, malen Sie außer den Augenbrauen, welche hell sein sollten, nur den unteren Bogen der vorgeprägten Augenhöhle nach. Ich habe mal ganz feine Wimpern nach unten gemalt, das sieht auch süß aus. Die Fäuste, Arme und Beine stopfen Sie weich und rund. Für die Körperfüllung eignet sich Granulat sehr gut, es ist weich und trotzdem schwer.

Bevor Sie den Kopf zunähen, schneiden Sie den Hals der Maske ein wenig kürzer, da er bei Babys nicht so lang ist.

Soll Ihr Puppenkind Sie anschauen, wenn Sie es im Arm halten, nähen Sie das Köpfchen schräg an den Körper. Auch bei schlafenden Babys sieht dies niedlich aus.

Vielleicht wird es ein wenig schwierig sein, eine passende Perücke zu finden, weil Babys nur wenig Haare haben; wenn Sie geschickt sind, machen Sie selber eine – aus Mohair oder Fell –, wenn Sie glauben es nicht zu können, schneiden Sie soviel von der Perücke ab, bis es gut aussieht.

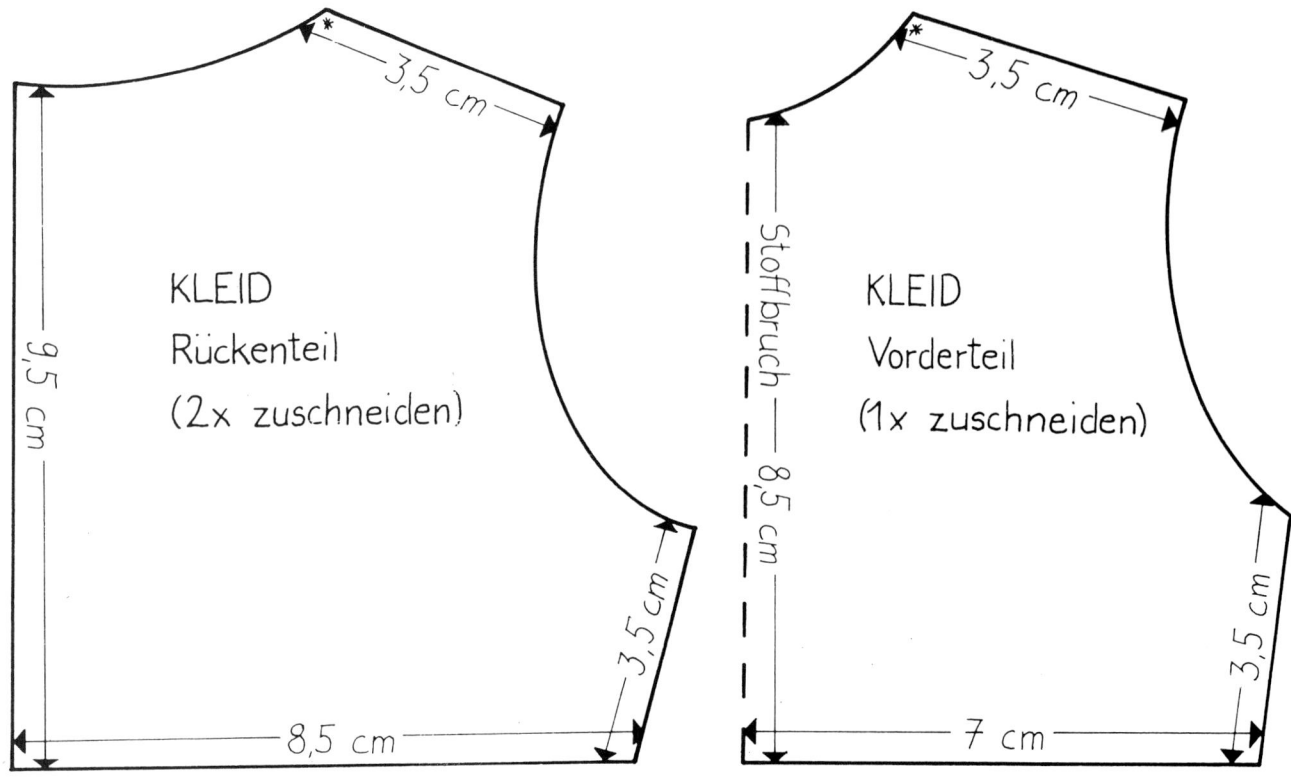

Die Stoffpuppe und ihre Kleidung

Durch das Bemalen des Gesichts und durch das mehr oder weniger feste Stopfen von Armen und Beinen Ihrer Puppe haben Sie schon im wesentlichen ihren Charakter bestimmt. Nun ziehen Sie die Puppe an. Hier sind einige Anregungen, wie Sie einfach und schnell Kleidung nähen können. Auch dabei gilt das Motto: Variieren Sie nach eigenem Geschmack und denken Sie daran, jede Ihrer Puppen gibt es nur einmal!

Das Kleid

Auf das Kinderzimmer freut sich die Frau im hellblauen Kleid besonders. Wir sehen sie als niedliches Pendant zu Peterchen, wie sie da auf dem Mond sitzt...
Nähen Sie das Kleid nach den Schnittmustern von Seite 22 und 24. Und so wird's gemacht:

Zuerst die Schulternähte schließen, dann die Ärmel einsetzen. Sie können die Falten legen und ein Bündchen dransetzen, oder wie hier die Kanten umlegen, steppen, ein Gummiband durchziehen und eine Borde oder Spitze ansetzen. Dann schließen Sie die Ärmel- und Seitennähte. Für den Rock schneiden Sie den Stoff auf 23 × 80 cm zu und steppen einmal in der größten Einstellung der Nähmaschine (4) am oberen Rand entlang. Nun ziehen Sie mit einem der beiden Fäden die Weite so zusammen, daß das Stoffteil an das Oberteil paßt.
Nachdem Ober- und Rockteil verbunden sind, schließen Sie die hintere Rocknaht so weit, daß Sie die Puppe an- und ausziehen können. Dann den Rest der offenen Stelle versäubern und Klettband oder Druckknöpfe annähen.

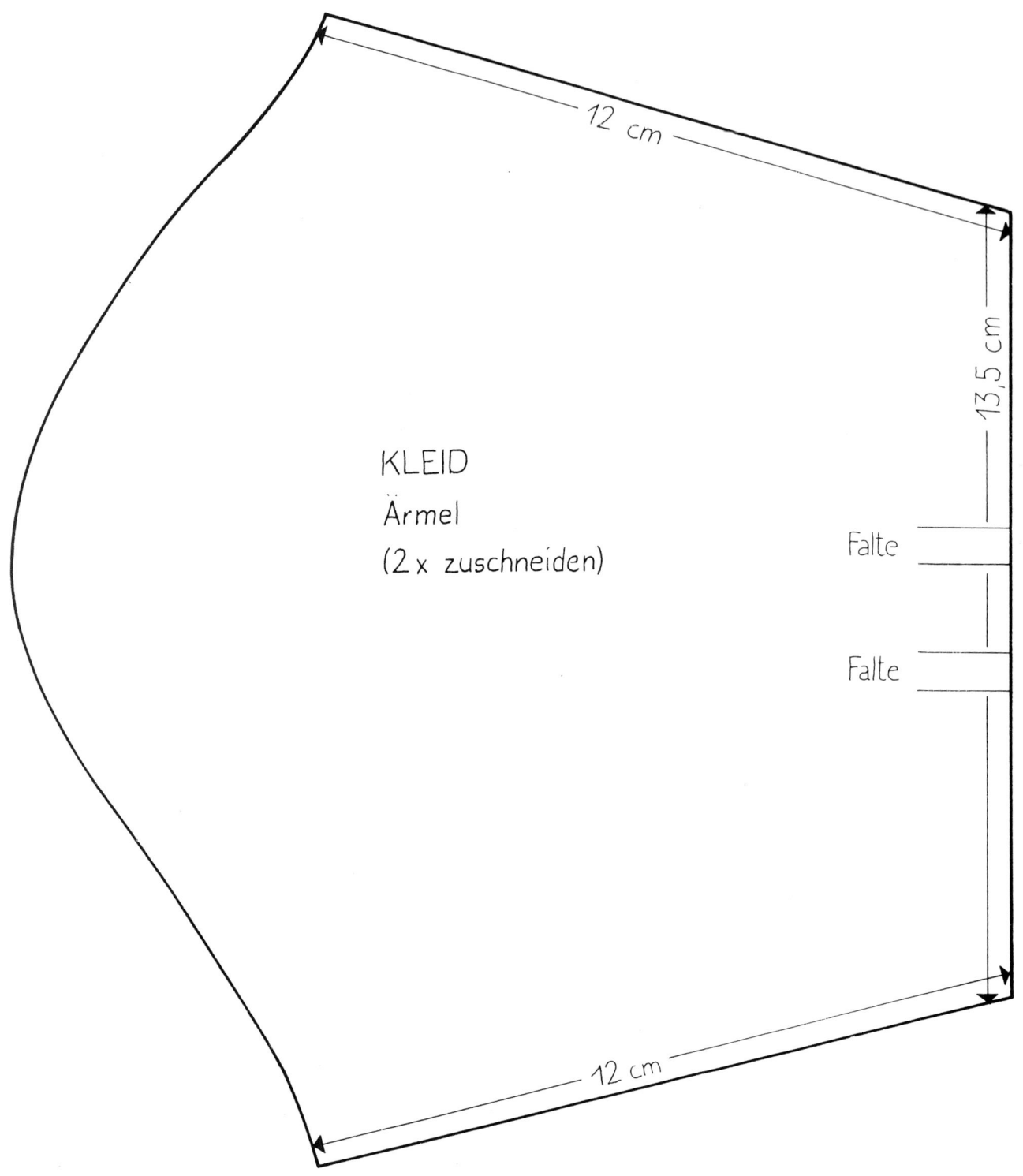

KLEID

Ärmel

(2 x zuschneiden)

12 cm

13,5 cm

Falte

Falte

12 cm

Das Puppenmädchen am Kaffeetisch hat ein
Kleid an, das nach dem selben Schnittmuster
genäht ist. Nähen Sie für das weiße Kleid zwei
Falten in den Ärmel.

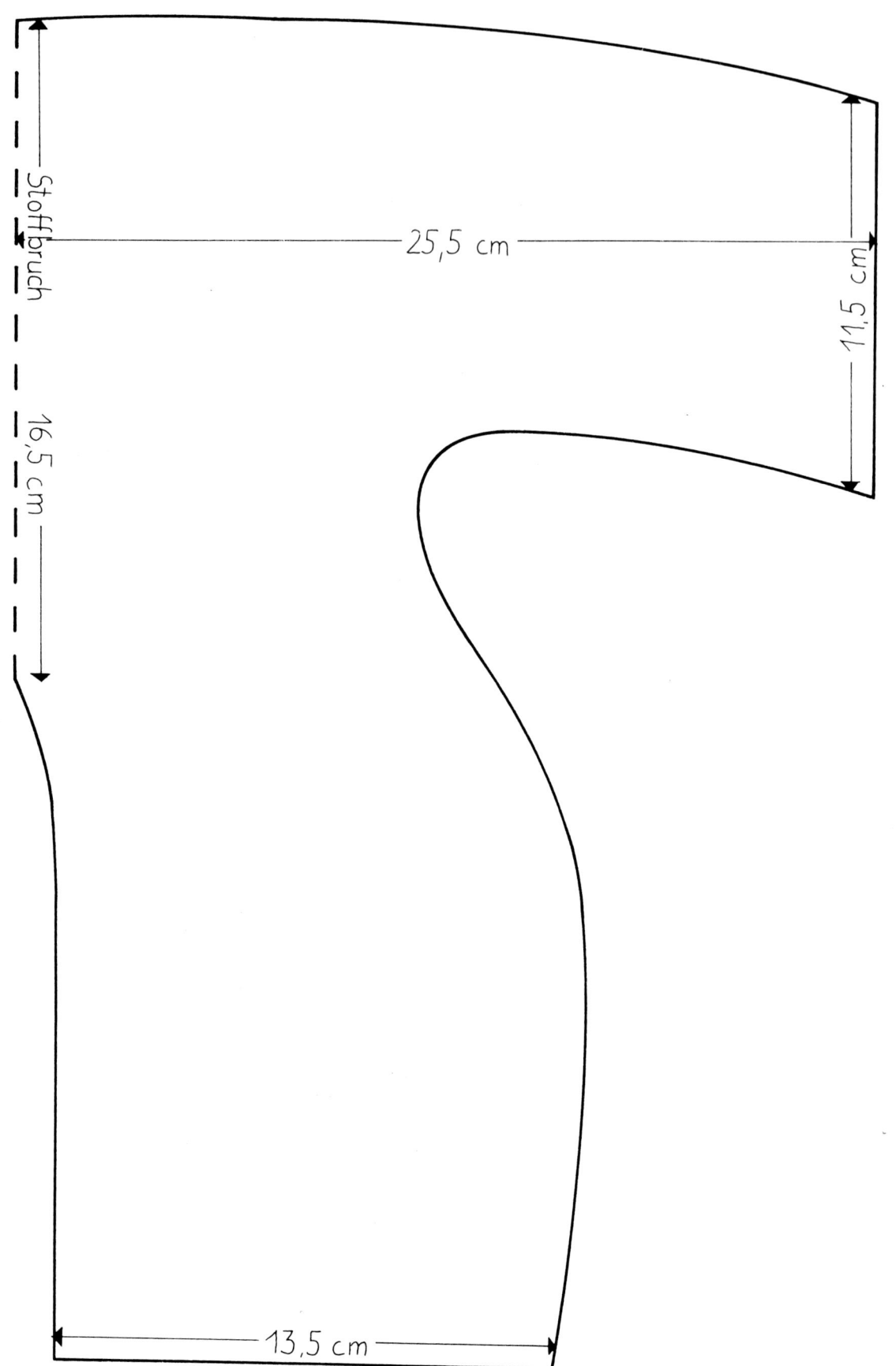

Stoffbruch

25,5 cm

11,5 cm

16,5 cm

13,5 cm

Der Clownanzug

Der Anzug für diesen Clown ist supereinfach!
Sie nähen beide Teile rechts auf rechts zusammen und wenden sie dann. Die Arm- und Beinkanten umlegen und einen so breiten Saum steppen, daß Sie ein Gummiband durchziehen können. Den Halsausschnitt versäubern und eine Halskrause umbinden. Hierfür nehmen Sie je

nach Stoffstärke 1 bis 2 cm Borte und nähen auf größter Stichweiteneinstellung einmal 0,5 cm von der Kante entlang. Nehmen Sie einen der beiden Fäden und ziehen Sie den Stoff auf die von Ihnen gewünschte Breite zusammen. Wenn Sie möchten, nähen Sie auf die gleiche Art eine kleiner Krause für die Ärmel, welche Sie dann am unteren Saum befestigen.
Die Schuhe und die schöne Lammfellperücke habe ich gekauft.

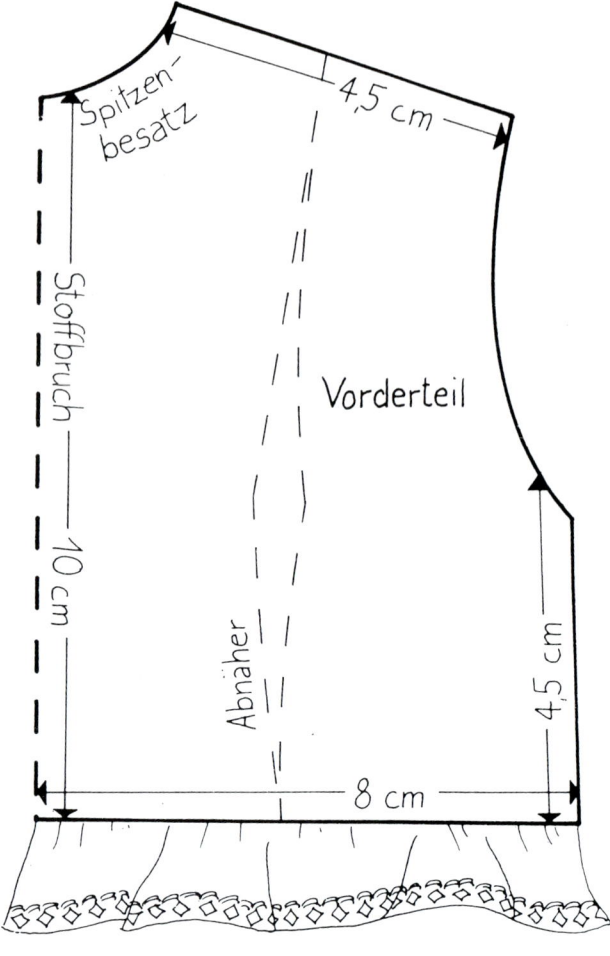

Spitzen-besatz

Stoffbruch — 10 cm

Vorderteil

Abnäher

4,5 cm

4,5 cm

8 cm

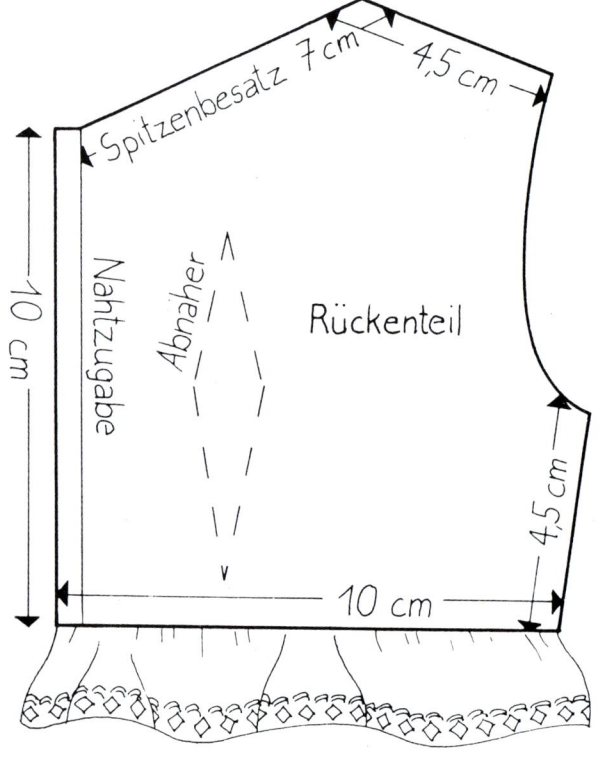

Spitzenbesatz 7 cm — 4,5 cm

10 cm

Nahtzugabe

Abnäher

Rückenteil

4,5 cm

10 cm

Die Wäsche

Hemdchen, Pumphosen und Unterröcke sehen niedlich aus, wenn Sie hierfür Spitze verwenden. Sicherlich haben Sie in Ihrem Schrank noch eine kleine Menge davon gefunden. Hier können Sie sie gut verwenden.

Das Rüschenhemd

Um dieses reizende Rüschenhemd nachzu-
arbeiten, benötigen Sie außer dem Baumwollstoff
ca. 50 cm breite Spitzenborte mit Lochmuster,
15 cm schmale Spitzenborte für den Halsausschnitt und ca. 1 m rosa Satinband. Nachdem
Sie die Schnittmuster auf den Baumwollstoff
übertragen haben, schneiden Sie die einzelnen
Teile aus und versäubern sie. Schließen Sie die
Seitennähte und Abnäher. Für den Rüschensaum

kräuseln Sie die breitere Spitzenborte auf 30 cm
ein und nähen sie am unteren Saum des Hemd-
chens fest. Nun bringen Sie in gleichmäßigen
Abständen auf beiden Rückenteilen winzige
Knopflöcher an, die sich genau gegenüberliegen.
Durch diese ziehen Sie dann das Satinband
ebenso wie durch die Löcher in der Rüschen-
spitze. Abschließend nähen Sie die schmale Spitzenborte um den Halsausschnitt.

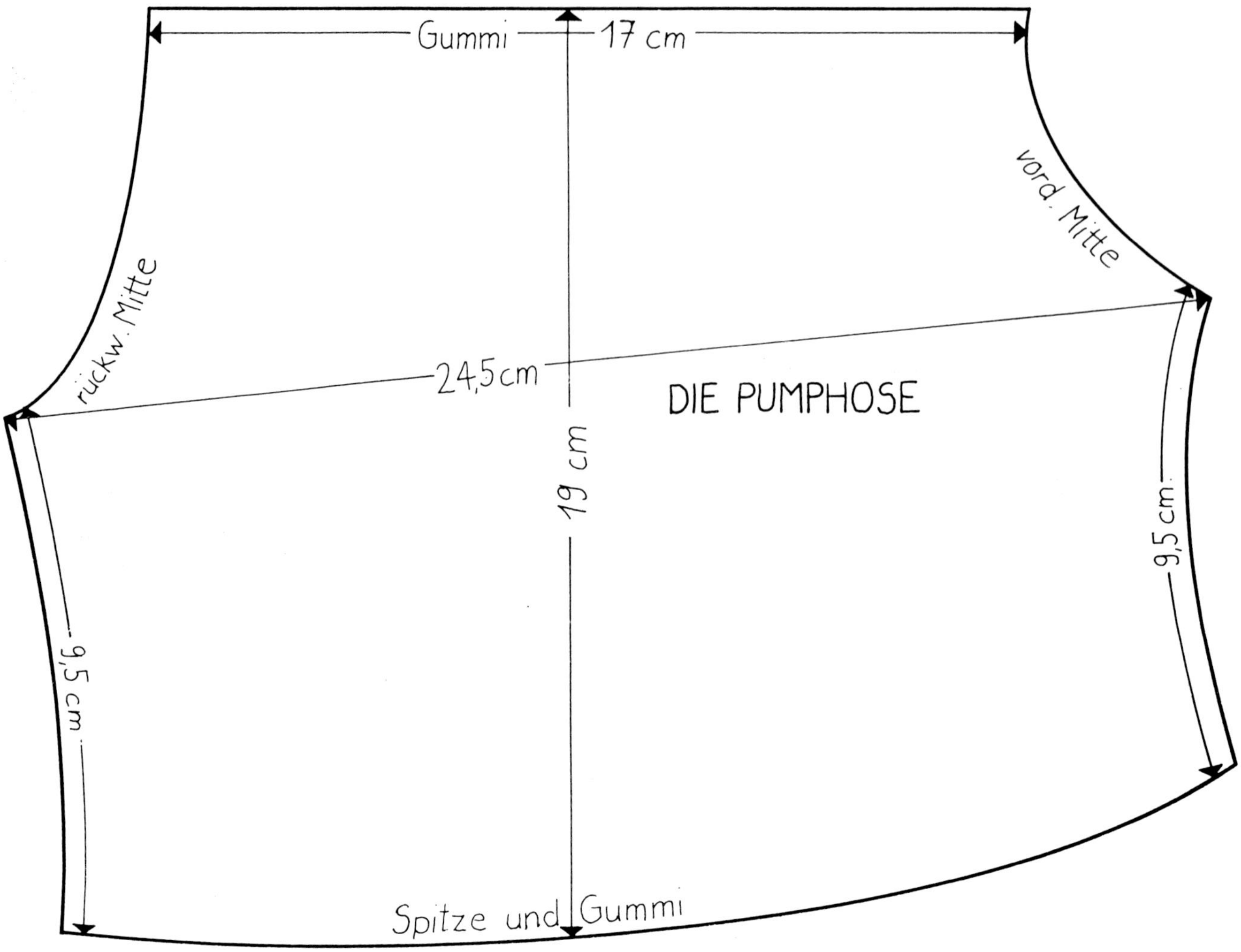

← Gummi — 17 cm →

rückw. Mitte

vord. Mitte

— 24,5 cm —

19 cm

9,5 cm

9,5 cm

DIE PUMPHOSE

Spitze und Gummi

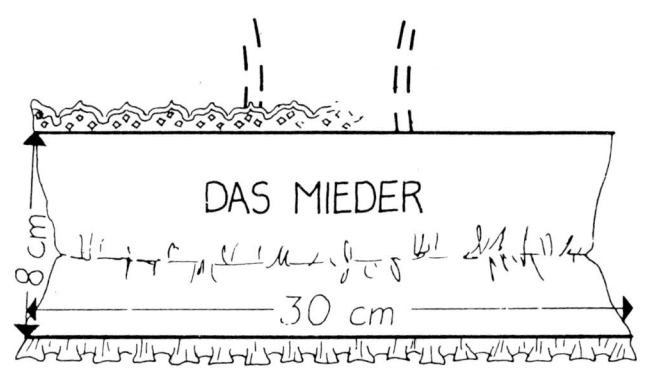

DAS MIEDER

8 cm

— 30 cm —

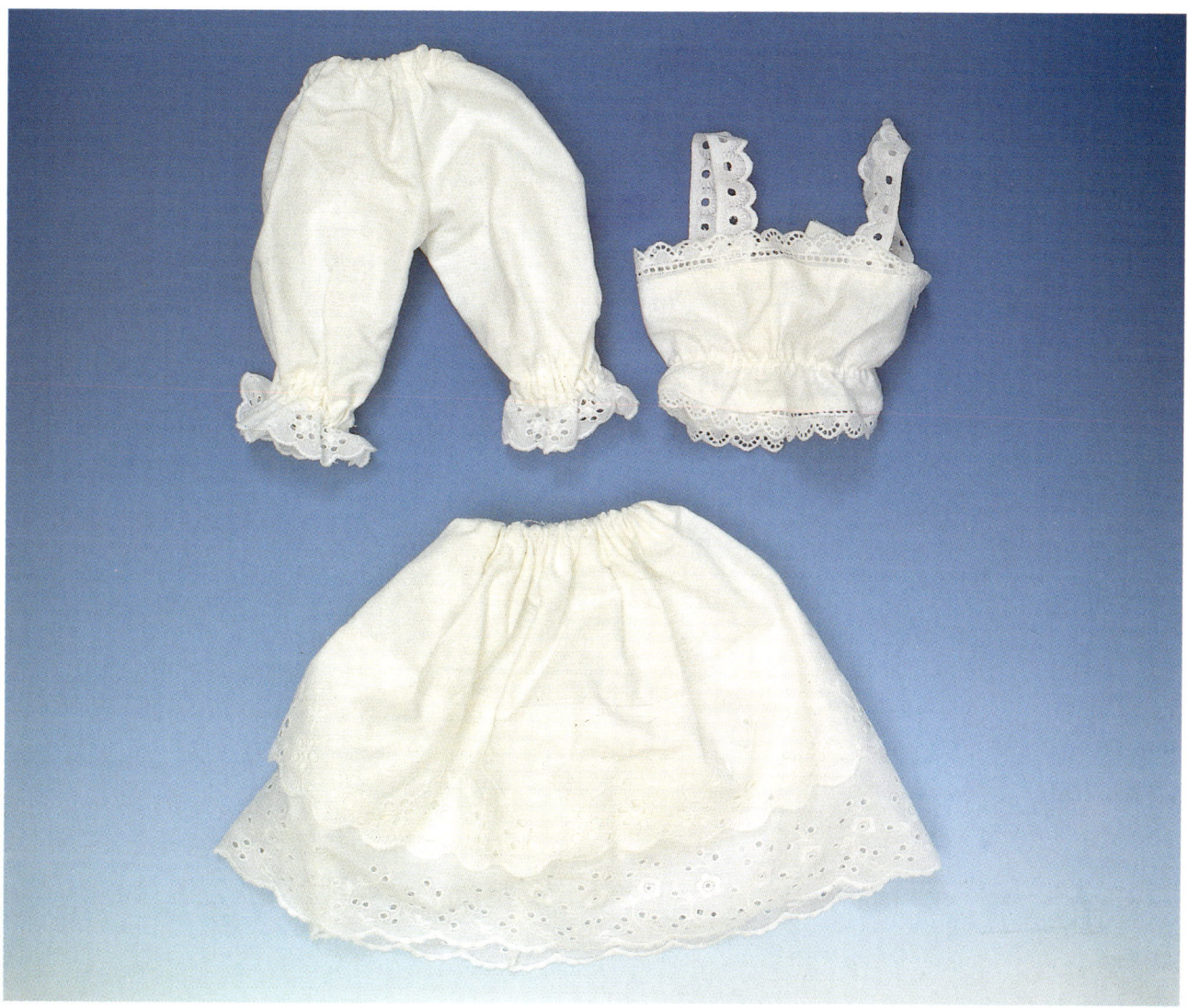

Die Pumphose

Auch die Pumphose ist ganz einfach zu nähen: Schließen Sie die vordere Mitte, danach die rückwärtige. Für das Gummiband umsäumen Sie die untere Beinkante. Jetzt nähen Sie die Spitze an. Nun werden die inneren Beinnähte geschlossen, die obere Kante umsäumt und das Gummiband durchgezogen.

Das Mieder

Für ein Mieder ist das Prinzip dasselbe: Sie nehmen nur ein längeres Stück Stoff und nähen von innen ein kürzeres Stück Gummiband an. Die hinteren Kanten umsäumen und mit Druckknöpfen oder Klettband schließen. Ich habe kleine Löcher umkäntelt und ein Seidenband durchgezogen.

Puppengröße ca. 45 cm

Gummiband durchziehen

UNTERROCK

rückw. Naht — 23 cm

rückw. Naht

75 cm

Der Unterrock

Wenn Sie einen Volant oder Spitze an den Unterrock nähen wollen, tun Sie das zuerst und schließen Sie dann die Naht.

Sie sehen, wie einfach es ist, einen hübschen Unterrock zu nähen.

Sie nehmen ein Stück Leinen – oder was zum Kleid der Puppe paßt – und schneiden es in den Maßen 75 × 23 cm zu.

Den oberen Rand so umsäumen, daß Sie ein Gummiband durchziehen können, und schon ist er fertig.

Das Trägerhemdchen

Schneiden Sie für das Hemdchen ein Stück Leinen oder anderen Stoff in den Maßen 10 × 33 cm zu. Besetzen Sie den oberen Rand mit der Spitze. Danach die Naht schließen und die Träger passend annähen.

7–10 cm

DAS TRÄGERHEMDCHEN

30–33 cm

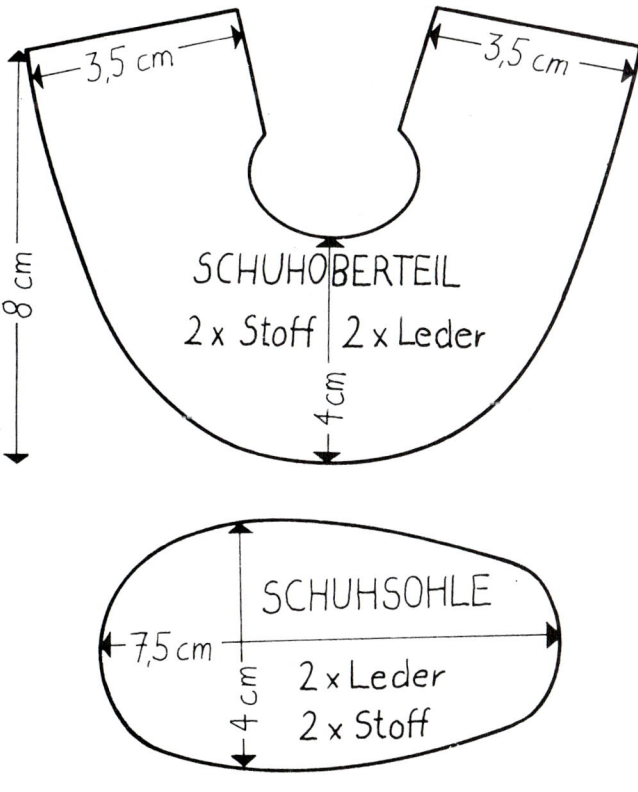

Die Schuhe

Für die Schuhe benötigen Sie:
- Schnitt
- Leder
- Spitze
- Straßknöpfe
- Stoff

Den Stoff auf weiches Leder nähen und dann rechts auf rechts punktgemäß steppen. Hinten einen Verschluß anbringen und aus Spitze eine Rosette formen, die, mit einem Straßknopf verziert, in der Mitte des Vorderteils angebracht wird.

SCHUHOBERTEIL
2 x Stoff | 2 x Leder

3,5 cm   3,5 cm   8 cm   4 cm

SCHUHSOHLE
2 x Leder
2 x Stoff

7,5 cm   4 cm

Der Hut

Der Hut ist hübsch, nicht wahr?
Sie benötigen hierfür:
- Schnitt
- Vlieseline
- rosa Futterstoff
- weißen Voile
- Durchzugsspitze in Weiß
- rosa Satinband passend zu der
  Durchzugsspitze
  rosa Satinband, 2 cm breit.

Sie nähen die Abnäher und heften den Oberstoff
mit dem Futtertaft, in dem die Vlieseline liegt,
aufeinander. Vom Hutrand die Teile ebenfalls
aufeinanderheften und an das Huthinterteil
nähen. Der Hutschild wird mit Einlage am äuße-
ren Rand verstürzt zusammengenäht. Nun den
Hutschild an die äußere Lage des Hutknopfes
nähen und mit dem Futterstoff an der Innennaht
versäubern. Den Halsrand versäubern Sie mit
einem langen Satinband, welches zum Verschlie-
ßen des Hutes dient. 2 cm breites Satin kräuseln
und mit der Durchzugsspitze an den Hutschild
nähen.

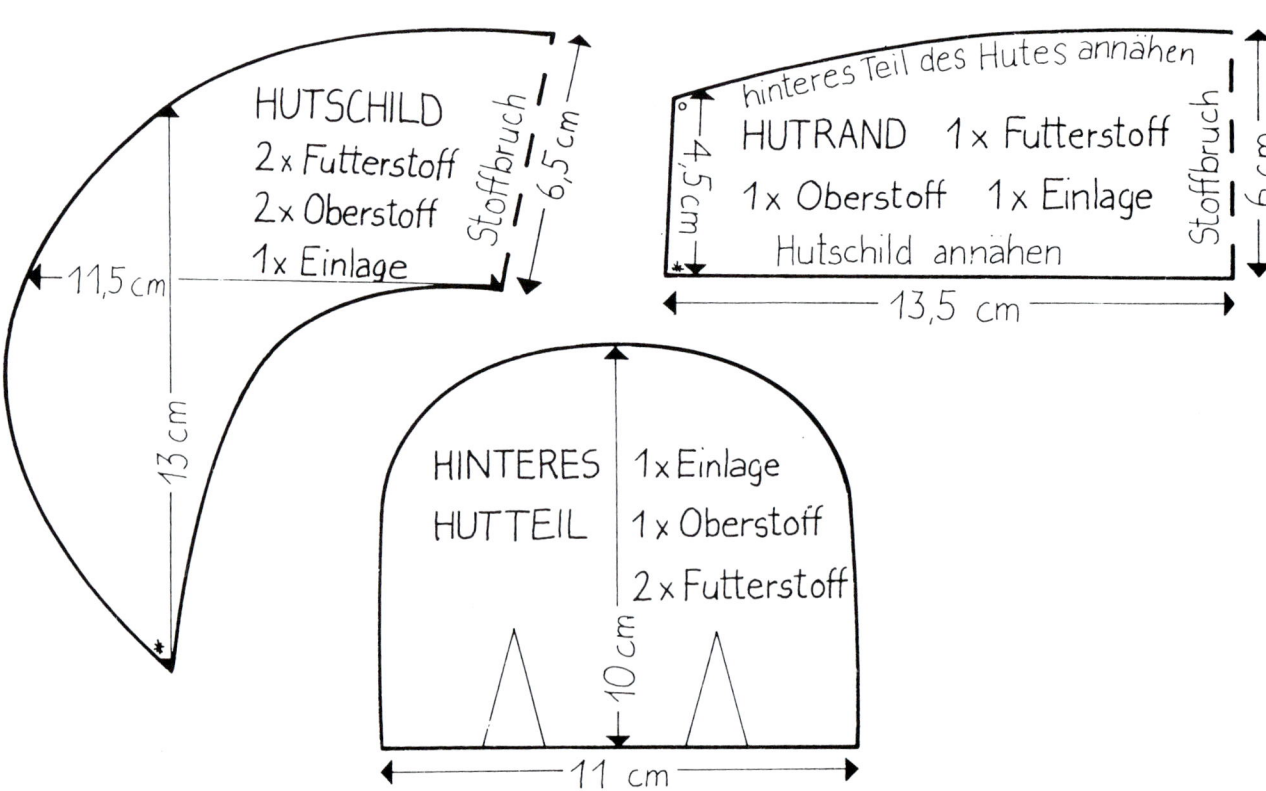

Das Oberhemd

Ein gestreifter Hemdstoff macht sich für ein
Oberhemd ebensogut wie ein klassischer weißer.
Ich habe hier dem Großvater ein Hemd mit
Streifen angezogen.
Der Tiroler Junge hat das weiße Hemd für seine
Tracht bekommen. Ich habe ihm ein schmales
Trachtenband auf den Kragen genäht.

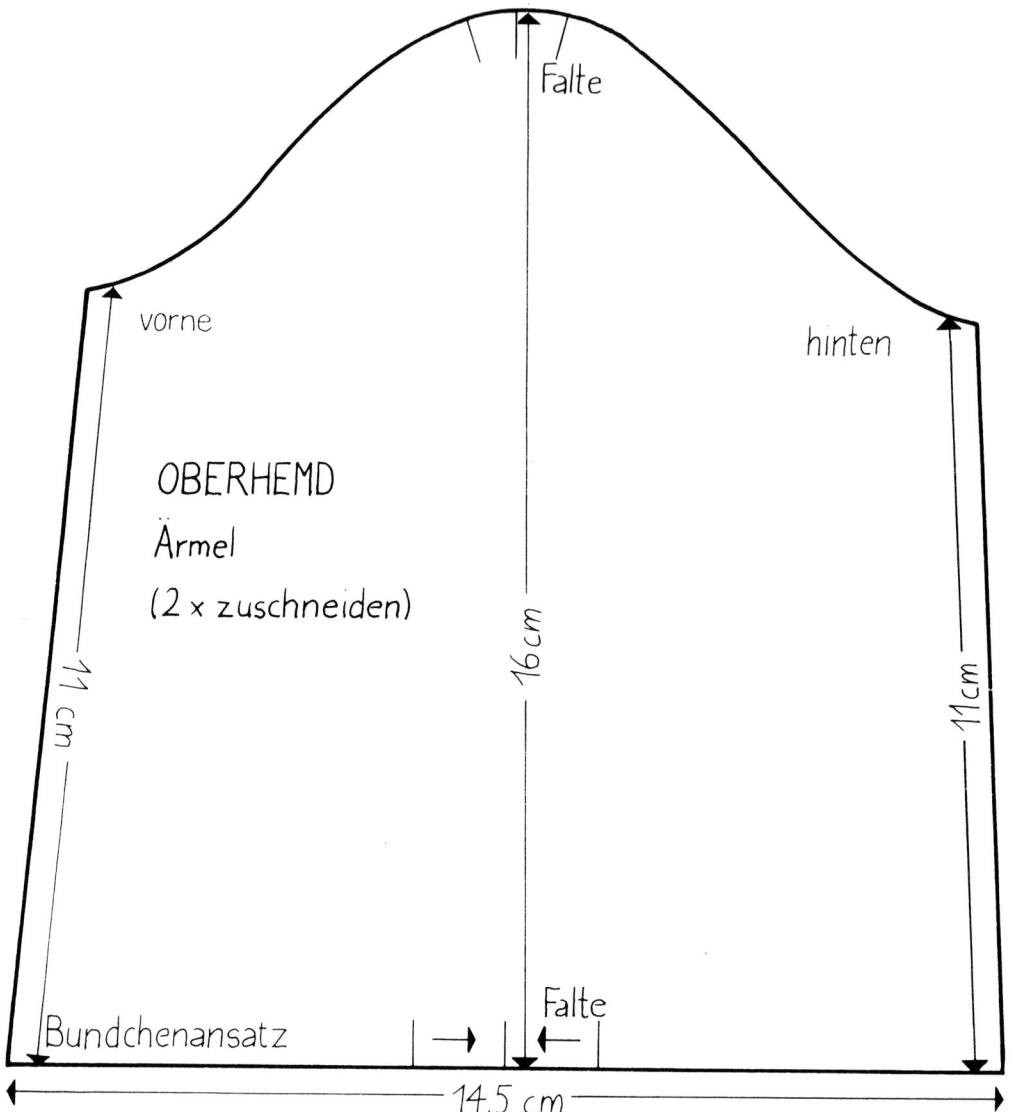

Und so nähen Sie das Oberhemd:
Die Schulternähte schließen. Ärmel einsetzen,
Bündchen ansetzen, Ärmel- und Seitennähte
schließen. Für den Kragen einen schräg ge-
schnittenen Streifen rechts auf rechts annähen,
umlegen und versäubern. Die vorderen Kanten
umlegen und Klettband oder Druckknöpfe annähen.

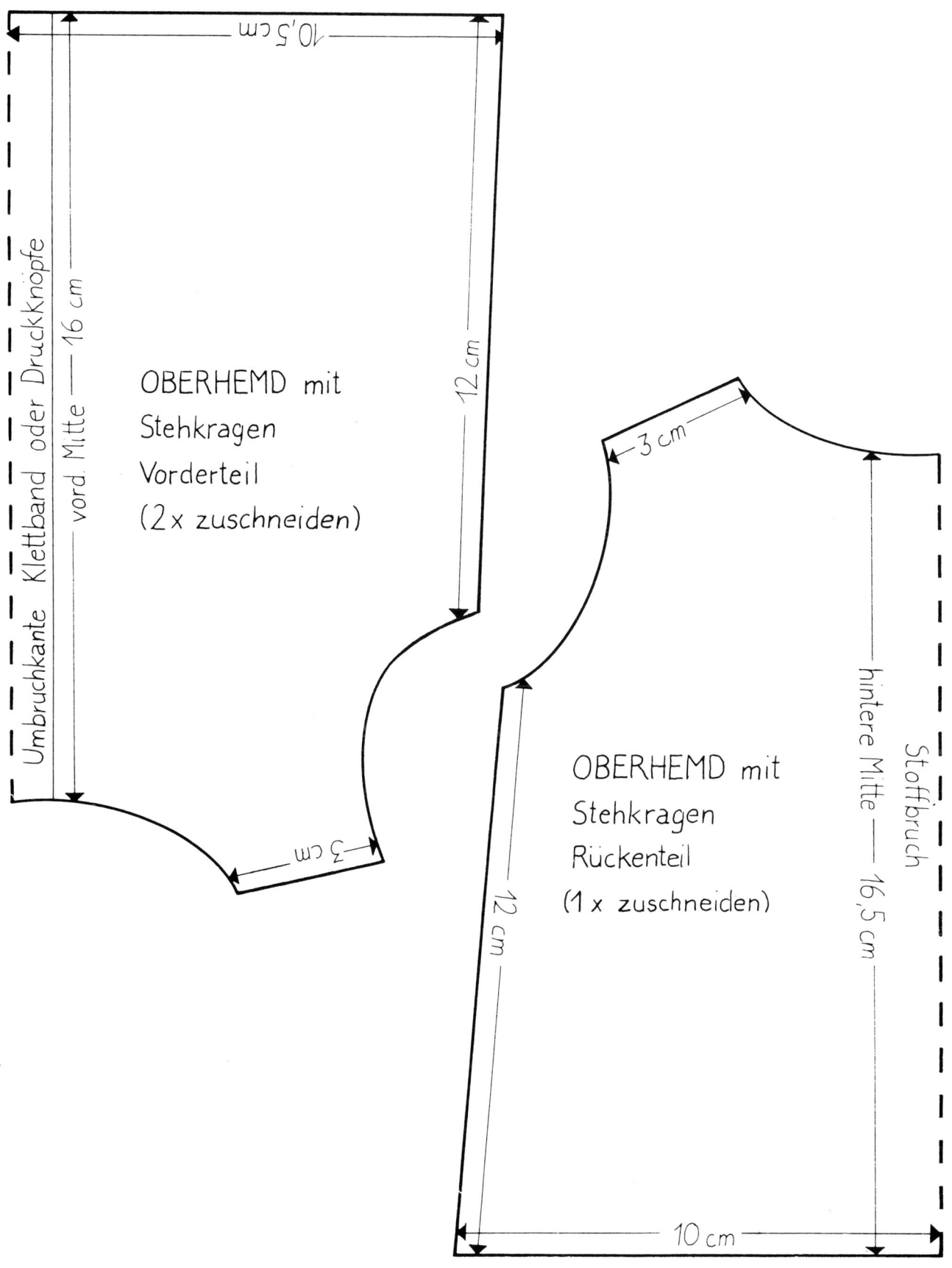

OBERHEMD mit Stehkragen Vorderteil (2x zuschneiden)

10,5 cm

Umbruchkante Klettband oder Druckknöpfe

vord. Mitte — 16 cm

12 cm

3 cm

OBERHEMD mit Stehkragen Rückenteil (1x zuschneiden)

3 cm

12 cm

10 cm

hintere Mitte — 16,5 cm

Stoffbruch

Mantel & Co

Zur Winterzeit macht es Freude, den Puppenkindern warme Mäntel und Jacken zu nähen und
anzuziehen. Wie wäre es einmal mit dieser Ver-
sion in Dunkelblau mit weißem Fellbesatz?
Als ich für diese Puppe nach dem Mantel auch
noch Muff und Kappe genäht hatte, fühlte ich
mich in die Zeit des Zaren versetzt, denn sieht
sie nicht wie eine kleine elegante Russin aus?
Für die Kappe schneiden Sie zunächst ein run-
des Stück Pappe aus, das etwas größer als der
Kopfdurchmesser der Puppe sein sollte. Dann
befestigen Sie daran einen schmalen Pappstreifen
und beziehen das ganze mit weißem Fell, das
Sie in jeder Stoffabteilung oder in entsprechenden Fachgeschäften kaufen können.
Der Schnitt für den Mantel ist für eine Puppe
von ca. 45 cm Größe gedacht; wenn Ihre Puppe
größer oder kleiner ist, müssen Sie den Schnitt
entsprechend anpassen. Die eigentlichen Näh-
arbeiten sind relativ einfach, so daß Sie diese
schöne Kombination sicher schnell fertigstellen
können.

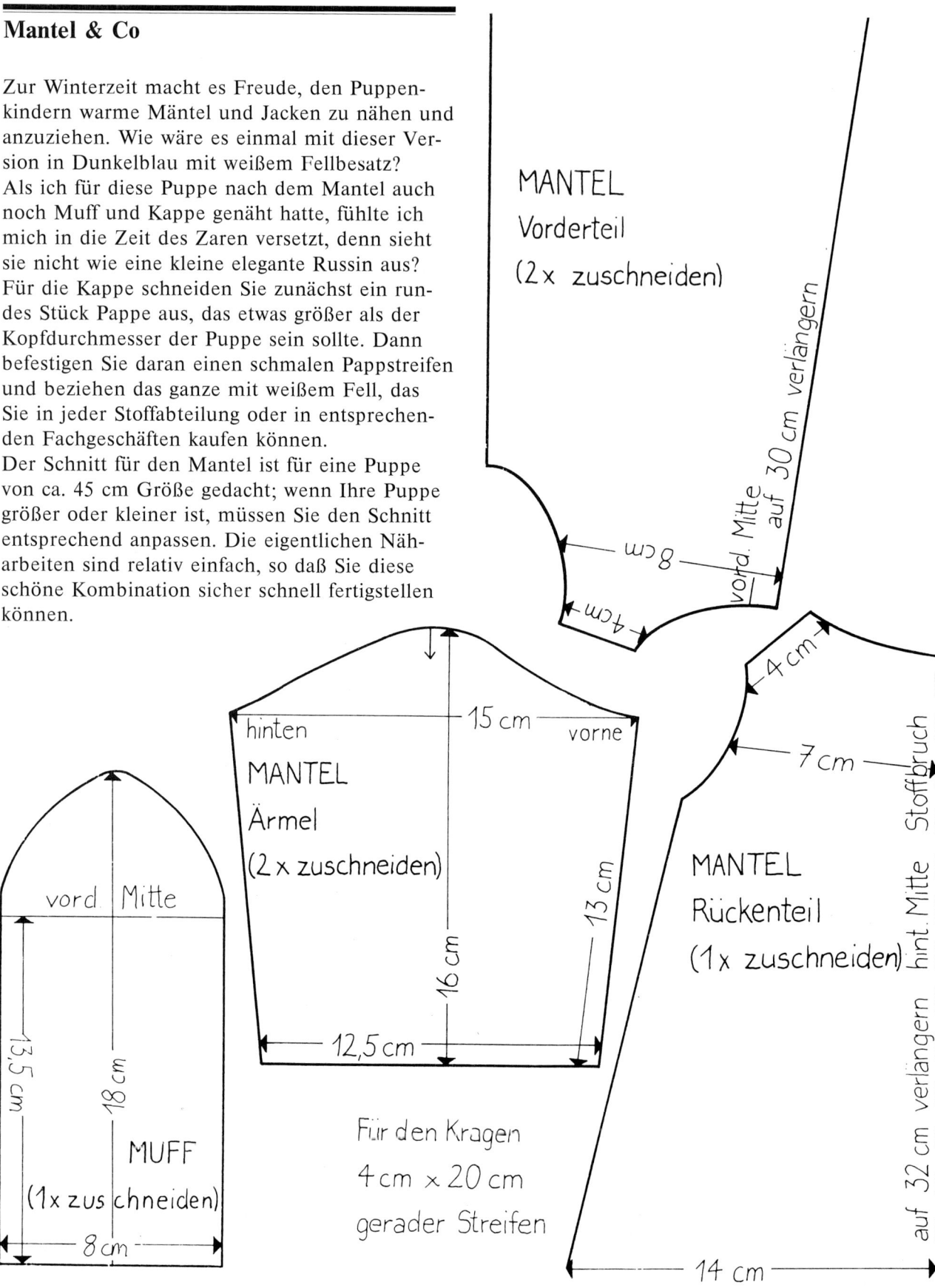

MANTEL
Vorderteil
(2 x zuschneiden)

vord. Mitte auf 30 cm verlängern

8 cm

4 cm

hinten — 15 cm — vorne

MANTEL
Ärmel
(2 x zuschneiden)

16 cm

13 cm

— 12,5 cm —

Für den Kragen
4 cm x 20 cm
gerader Streifen

4 cm

7 cm

hnt. Mitte Stoffbruch

MANTEL
Rückenteil
(1 x zuschneiden)

auf 32 cm verlängern

— 14 cm —

vord Mitte

13,5 cm

18 cm

MUFF
(1 x zuschneiden)
— 8 cm —

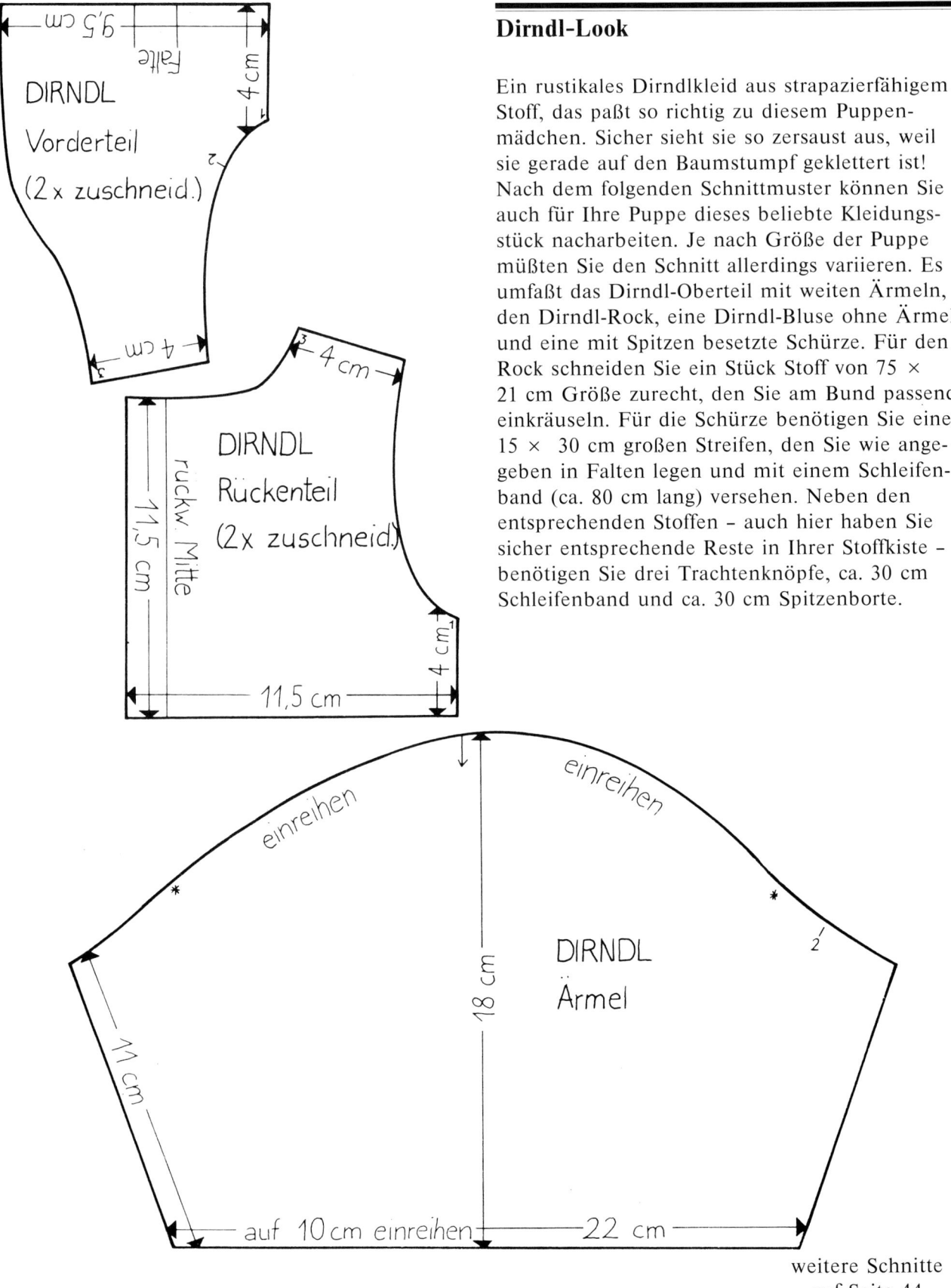

DIRNDL
Vorderteil
(2 x zuschneid.)

Falte
9,5 cm
4 cm
4 cm

DIRNDL
Rückenteil
(2 x zuschneid.)

rückw. Mitte
11,5 cm
4 cm
4 cm
11,5 cm

einreihen
einreihen

DIRNDL
Ärmel

18 cm
11 cm
auf 10 cm einreihen
22 cm

Dirndl-Look

Ein rustikales Dirndlkleid aus strapazierfähigem Stoff, das paßt so richtig zu diesem Puppenmädchen. Sicher sieht sie so zersaust aus, weil sie gerade auf den Baumstumpf geklettert ist! Nach dem folgenden Schnittmuster können Sie auch für Ihre Puppe dieses beliebte Kleidungsstück nacharbeiten. Je nach Größe der Puppe müßten Sie den Schnitt allerdings variieren. Es umfaßt das Dirndl-Oberteil mit weiten Ärmeln, den Dirndl-Rock, eine Dirndl-Bluse ohne Ärmel und eine mit Spitzen besetzte Schürze. Für den Rock schneiden Sie ein Stück Stoff von 75 × 21 cm Größe zurecht, den Sie am Bund passend einkräuseln. Für die Schürze benötigen Sie einen 15 × 30 cm großen Streifen, den Sie wie angegeben in Falten legen und mit einem Schleifenband (ca. 80 cm lang) versehen. Neben den entsprechenden Stoffen – auch hier haben Sie sicher entsprechende Reste in Ihrer Stoffkiste – benötigen Sie drei Trachtenknöpfe, ca. 30 cm Schleifenband und ca. 30 cm Spitzenborte.

weitere Schnitte
auf Seite 44

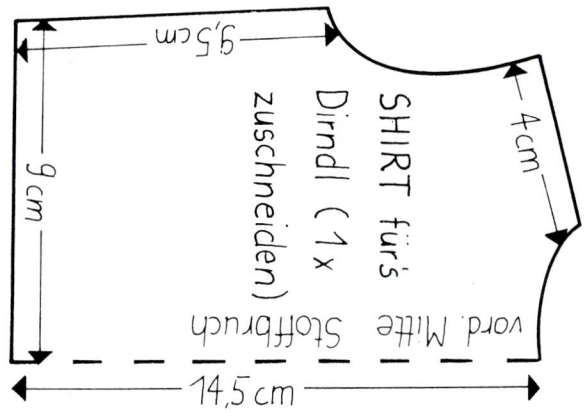

SHIRT für's Dirndl (1 x zuschneiden)

9,5 cm

9 cm

vord. Mitte Stoffbruch

4 cm

14,5 cm

SHIRT für's Dirndl (2 x zuschneiden)

15,5 cm

10,5 cm

4 cm

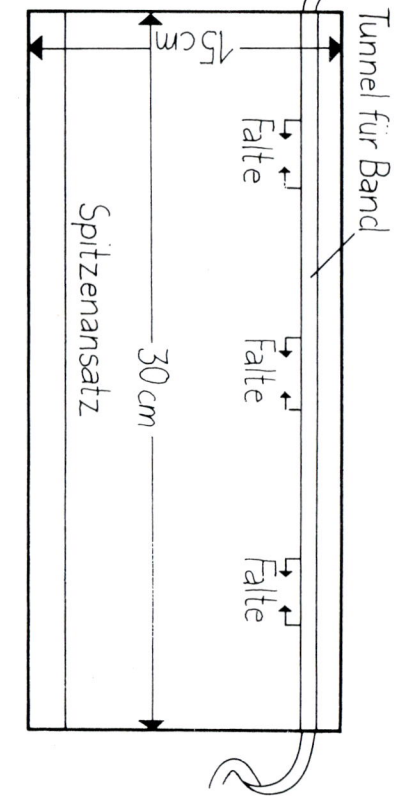

Tunnel für Band

15 cm

Falte

Falte

Falte

Spitzenansatz

30 cm

Die Puppenfamilie

Hessenmädchen

Für diese Puppe habe ich die Hessentracht gewählt. Sie besteht fast nur aus Handarbeit, angefangen beim Hemdchen, dessen Ärmel mit Hohlsaum geschmückt werden, über Weste bis zum Schultertuch. Alles wird mit der Hand bestickt. Die Hessen besticken auch ihre Häubchen; für die Puppe habe ich fertige Spitzen genommen und sie hellblau eingefärbt. Die Halskette ist mit kleinsten Perlchen mehrreihig aufgezogen und dann auf Stoff genäht.

Hessenjunge

Der Bub auf der linken Seite trägt die Tagestracht vom „Ländchen". Für die Tracht der Männer ist der hellblaue Kittel typisch.

Dirndl-Puppe

Eine Variante des Dirndls von Seite 42 trägt diese verträumte Puppe, Sicher ist es vor allem der Schwung der Augenbrauen, der diesem Gesicht zu einem verträumten und fast schon etwas ängstlichen Ausdruck verhilft und die Puppe richtig schüchtern wirken läßt.

Brautjungfer

Diese Puppe würde sich gut als Brautjungfer eignen, nicht wahr? Sie ist ein bißchen romantisch und verträumt und gerade deshalb steht ihr das festliche Kleid mit den üppigen Spitzen besonders gut.

Hierfür wurden übrigens ausschließlich Reste verwendet, was aber durch die stufenartige Anordnung der Rüschen gar nicht auffällt.

Abgerundet wird der Auftritt dieser Puppe durch den Haarkranz aus Seidenblüten, der die zarten Farben des Kleides widerspiegelt.

Puppenkind

Wenn Sie eine Puppe mit kindlichem Gesichtsausdruck herstellen wollen, dann brauchen Sie nur auf eine Gesichtsform mit Pausbäckchen zurückgreifen und diese später durch möglichst viel Rouge herausarbeiten.

Die Perücke wurde zu Zöpfen geflochten und der Pony etwas auftoupiert, denn eine strenge und akkurate Frisur paßt einfach nicht zu einer solchen Puppe.

Puppenmutti

Diese Puppe ist ein bißchen rundlicher als andere und auch dies trägt sicher zu dem mütterlichen Eindruck bei. Das Blümchenkleid erinnert an ein Dirndl; der entsprechende Schnitt ist aber der gleiche wie im Kapitel „Das Kleid" beschrieben.

Kleine Accessoires wie die Kette und das Armband bereiten nicht viel Mühe in der Herstellung, können aber einem schlichten Kleid durchaus ein wenig Pfiff verleihen.

Kleines Mädchen

Der Gesichtsausdruck dieser Puppe zieht jeden Betrachter in seinen Bann, denn ihr hilfloser Blick läßt einen so schnell nicht wieder los. Die Perücke ist ganz und gar nicht ordentlich und auch das unterstreicht den Charakter dieser Mädchenpuppe.

Finden Sie nicht auch, daß ein Paar glänzende Lackschuhe hier völlig fehl am Platze wären? Die derben Wollsöckchen gehören einfach dazu!

Dame im Samtkleid

Wenn die Puppen erwachsen aussehen sollen,
betonen Sie die Augen stärker, indem Sie Wimpern und den unteren Lidrand malen. Bei Sissy
und der Dame im schwarzen Samtkleid habe ich
es so gemacht.

Sissy

Sissy hat sich fein gemacht. Sie schmückt ihr
Haar mit Sternchen und trägt ein Kleid mit
Schleppe. Ist sie nicht niedlich, wie sie so zum
Ball schreitet?

Hochzeitspaar

Wäre dieses Puppenpaar nicht eine Anregung zu einem Brautgeschenk? Verwenden Sie für die Braut viel Tüll und Blüten, das Kleid können Sie nach dem vorgestellten Schnittmuster schneidern. Auch beim Bräutigam brauchen Sie sich nicht mit Spitze zurückzuhalten – immerhin es ja auch sein großer Tag.

Salondame

Unschwer erkennen Sie hier die Dame in der Wintergarderobe wieder. Diesmal sitzt sie im Teesalon auf dem Sofa und hat ihren Muff an der Garderobe gelassen. Kleid, Hut und Schuhe sind in kräftigem Blau gehalten, das reich mit weißen Spitzen besetzt ist.

Pariser Dame

Spitzenkleid und Spitzenschirm lassen ahnen, daß diese Dame aus dem letzten Jahrhundert den Pariser Chic vorführt. Die Perücke mit den kunstvoll gelegten Locken unterstreicht den Eindruck, ohne daß die Puppe künstlich wirkt. Sie braucht keine weiteren Accessoires.

Junges Paar

Diese beiden wollen ausgehen. Sie haben sich dafür zurechtgemacht. Der junge Mann hat sich den guten Anzug angezogen und dazu das modische Rüschenhemd. Das Cocktailkleid der Dame wirkt durch den Volant und die Farbe – so einfach ist diese Kleidervariation.

Bauernmädchen

Diese kompakte Bauerdirn hat so richtig runde Arme und Beine. Auch durch das dicke Haar wird unterstrichen, daß das Mädchen stämmig wirkt. Dazu passend ist das Kleid in einem rustikalen Stoff genäht.

Trutchen

Trutchen hat die Schürze umgebunden. Der Spitzenbesatz an Schürze, Kleid und an dem herauslugenden Unterrock geben der Kleidung eine rustikale Nuance. Dazu passend ist die Perücke ausgesucht, die einen kleinen Dutt andeutet.

Fußballer

Dieser Junge ist eigenlich ganz artig und fröhlich. Ihm stehen die warmen Augen und die blonden Haare ganz gut zu Gesichte. Die Haare können ja ruhig ein bißchen strubbelig sein.

Liesel

Die Liesel mit ihren dicken Zöpfen darf draußen spielen. Sie mußte sich aber warm anziehen. Die rote Strickjacke paßt gut zu dem fröhlichen Kindergesicht.

Kleiner Junge

Der kleine Junge auf der rechten Seite trägt Spielkleidung, eine dunkle Jacke und blaue Hosen. Er könnte sich auch umziehen und Fußball spielen. Aber so hockt er ganz zufrieden mit seiner Eisenbahn da. Der kurze Haarschnitt gibt ihm etwas Kesses.

Großmutter

Großmutter guckt ganz neugierig in die Welt, hat sich aber gemütlich an ihr Spinnrad gesetzt. Die graue Perücke, die Brille und die Schürze lassen sie so großmütterlich aussehen.

Blumenkind

Das Blumenkind wirkt durch seine Zöpfe, den Strohhut und den Spitzenrock ganz apart. Das Gesicht ist ganz zurückhaltend in warmen Tönen bemalt. So bekommt die Puppe schon zu Anfang den in sich ruhenden, ausgeglichenen Charakter.

Clown mit Maske

Dieses Gesicht ist im Gegensatz zu allen anderen künstlerisch gestaltet. Es erinnert an die Bemalung der venezianischen Masken. So hat sich dieser Clown auch der Kunst verschrieben, er dreht den Leierkasten, um die Leute zu erfreuen. Passend zu dem weißen Gesicht wurde als Perücke weißes Fell gewählt, das rund um die Maske geklebt wurde. Farblich abgestimmt eine Variation des Clownanzugs – einfach zu nähen, aber alles wirkungsvoll in der Kombination.